L'HYSTÉRIE

SA NATURE, SA FRÉQUENCE, SES CAUSES,

SES SYMPTOMES ET SES EFFETS

———

ÉTUDE

PAR

L'ABBÉ A. TOUROUDE,

PRÊTRE DE LA CONGRÉGATION DES SS. CŒURS *dite* DE PICPUS.

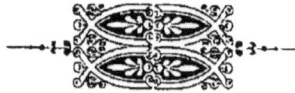

———

LA CHAPELLE-MONTLIGEON

IMPRIMERIE DE L'ŒUVRE EXPIATOIRE.

—

1894

L'HYSTÉRIE

L'HYSTÉRIE

SA NATURE, SA FRÉQUENCE, SES CAUSES, SES SYMPTOMES ET SES EFFETS

ÉTUDE

PAR

L'ABBÉ A. TOUROUDE,

PRÊTRE DE LA CONGRÉGATION DES SS. CŒURS *dite* DE PICPUS.

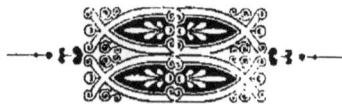

LA CHAPELLE-MONTLIGEON

IMPRIMERIE DE L'ŒUVRE EXPIATOIRE.

1894

IMPRIMATUR ?

Sur l'avis favorable de deux membres de la Commission de l'examen des livres, Monseigneur accorde l'*imprimatur* demandé pour le livre du R. P. Touroude, intitulé L'Hystérie.

Séez, le 3 février 1894.

F.-J. GIRARD,

Ch., Sec. Gén.

APPROBATION

Du R. P. Supérieur Général de la Congrégation des SS. Cœurs, dite de Picpus.

Paris, le 5 février 1094.

Au Rév. P. A. TOUROUDE,

AUMONIER DES RELIGIEUSES DES SS. CŒURS ET DE L'ADORATION,

A ALENÇON (ORNE).

Mon Révérend Père,

*Sur le rapport fait à Mgr l'Évêque de Sées pour obtenir l'Imprimatur à votre **Etude sur l'Hystérie**, et sur l'avis favorable des Membres de la Commission chargés d'examiner cet ouvrage qui vous a coûté tant de recherches, je me fais un plaisir de vous donner ma personnelle approbation et je fais des vœux pour que ce nouveau livre, que vous offrez au public, réalise le bien que vous vous êtes proposé. Ce sera, je le sais, votre meilleure joie et aussi votre plus légitime récompense.*

Recevez, mon Révérend Père, mes sentiments respectueux et dévoués.

F.-M. BOUSQUET,
Sup. gén.

AVANT-PROPOS

Il existe une maladie qui devient de plus en plus commune et qui suscite, dans les maisons religieuses, aussi bien que dans les familles beaucoup de troubles, d'ennuis, et parfois même de grands scandales ; c'est l'hystérie.

En 1882, il fut présenté au concours ouvert à Salamanque, à l'occasion du troisième centenaire de sainte Thérèse, un *Mémoire* intitulé : *Les phénomènes hystériques et les Révélations de Sainte Thérèse*, par le R. P. Hahn, professeur de physiologie au collège des RR. PP. Jésuites, à Louvain ; dans cet écrit l'auteur ne craignait pas d'affirmer que cette illustre Sainte était hystérique et que les apparitions démoniaques dont elle parle elle-même dans l'histoire de sa vie, n'étaient que des hallucinations provenant de sa maladie. Chargé par notre très Révérend Père Supérieur Général de réfuter ces assertions, qui avaient d'autant plus contristé et scandalisé les âmes pieuses qu'elles émanaient d'un religieux, et de démontrer que les infirmités dont sainte Thérèse eut à souffrir pendant la plus grande partie de sa vie, n'avaient rien de commun avec les symptômes propres de l'hystérie, nous dûmes faire une étude assez approfondie de cette triste maladie. Le Seigneur daigna bénir ce travail entrepris contre notre goût et par pure obéissance. A la suite de cette polémique, le *Mémoire* du P. Hahn, déféré à Rome, fut très sévèrement condamné et proscrit par la S. Congrégation des Rites, le 1er décembre 1885, « Comme scandaleux, offensant les oreilles « pieuses, injurieux au saint Siège et prêtant « des armes aux hétérodoxes pour combattre « les doctrines de l'Église ; » et le 11 Janvier 1886, il était mis à l'Index des livres prohibés. Nous nous empressons de dire que la S. Congrégation ajoute : « L'auteur s'est louablement soumis et a réprouvé son opuscule. »

En nous livrant à l'étude de l'hystérie, il nous avait été facile de nous convaincre, par notre propre expérience, que bien peu de personnes avaient une idée exacte de cette fâcheuse affection. « Vos *Lettres au P. Hahn*, nous écrivait, du fond de l'Amérique, une vénérable Supérieure, m'ont fait comprendre la conduite bizarre de certaines religieuses que je ne m'ex-

pliquais pas auparavant. » C'est parce qu'elles
ignoraient complètement les effets de cette maladie, que des Supérieures ont quelquefois traité
avec une grande sévérité de pauvres filles, beaucoup plus à plaindre qu'à réprimander, puisqu'à
certains moments elles étaient privées de leur
libre arbitre et qu'elles étaient incapables de
résister aux impulsions qui les dominaient ; tandis que d'autres Supérieures, les regardant
comme des folles, les envoyaient dans des maisons d'aliénés, où, désespérées de se voir ainsi
renfermées, elles finissaient par perdre tout à
fait la raison.

C'est pour prévenir, autant que possible, ces
mesures toujours regrettables que des personnages éminents, des supérieurs généraux de
Congrégations considérables, nous ont engagé
à composer un petit Traité dans lequel nous
indiquerions sommairement la nature, le caractère, la fréquence, les causes et les fâcheux
effets de l'hystérie ; les symptômes auxquels on
peut reconnaître une prédisposition à cette maladie, et la conduite à tenir avec ceux qui en
sont atteints. En même temps, on nous exhor-
tait à profiter de cette occasion pour montrer
combien sont vaines et téméraires les théories
de ces faux docteurs, si nombreux de nos jours,
qui prétendent expliquer tous les miracles,

même ceux de l'Évangile, par l'hystérie, la
suggestion et l'hypnotisme. Et comme nous
nous excusions sur notre grand âge et que nous
exposions combien il est difficile à un homme
qui a dépassé quatre-vingts ans, de traiter convenablement un sujet aussi délicat, un bon religieux nous répliqua avec vivacité : « Dans les
temps où nous sommes, il n'est permis à personne de se reposer, quand il s'agit de faire le
bien et de défendre la vérité ; vous avez déjà
abordé cette matière, il faut continuer jusqu'au
bout ; d'autres perfectionneront, après vous, ce
que vous n'aurez fait qu'ébaucher. » Nous avons
dû céder à ces instances réitérées et à ces invi-
tations pressantes.

Au reste les encouragements ne nous ont pas
manqué. Au mois de janvier dernier, le Supérieur général d'un grand Ordre religieux à qui
nous avions communiqué de longs extraits de
notre travail, nous écrivait : « J'ai parlé à plusieurs Vénérables Mères de l'ouvrage commencé ; on l'attend avec impatience. C'est une véritable direction que vous avez entreprise et
que votre excellent livre continuera indéfiniment dans les communautés et dans les pen-
sionnats. Bon courage ! Dieu vous aidera jusqu'au bout ! Je demande à l'enfant Jésus d'être
votre petit secrétaire ; de vous bénir, comme il

devait bénir saint Joseph, de vous sourire,
comme il souriait à sa mère. Ce sourire divin
est le rayon qui donne de la force au corps et à
l'âme de la joie. »

Dieu veuille que cet opuscule réponde à
l'attente favorable qu'on en a conçue et atteigne
le but qui nous a été proposé.

Si nous ne nous faisons pas illusion, il sera
utile aux Supérieures pour la direction des
personnes nerveuses et impressionnables; il
sera utile aux jeunes confesseurs, en leur faisant
comprendre la cause d'égarements et de chutes
qui paraissent inexplicables dans des personnes
jusque-là très pieuses et très régulières ; enfin il
sera très utile aux maîtresses chargées de l'éducation des enfants, puisque c'est ordinairement
de douze à quinze ans, que se manifestent les
premiers symptômes de l'hystérie, et qu'alors,
avec des précautions et des soins bien entendus,
on peut, en quelque sorte, enrayer la névrose
et l'empêcher de se développer. Un habile médecin que nous consultions tout dernièrement
sur un phénomène étrange de cette maladie et
à qui nous communiquions le plan de notre
ouvrage, nous disait : « Je voudrais que votre
livre fût entre les mains de toutes les mères de
famille intelligentes : jamais vous n'avez rien
fait d'aussi utile. »

On nous objectera peut-être, comme on l'a déjà fait, que nous parlons ici de choses que nous ne connaissons pas par nous-même. C'est vrai; et nous avouons ingénument que nous n'avons jamais fréquenté l'École de Médecine, ni la clinique du docteur Charcot. Mais ce que nous n'avons pas vu de nos yeux, nous l'avons appris dans de fréquents entretiens avec de savants docteurs et dans les écrits des hommes les plus compétents en cette matière : les Charcot, les Grasset, les Pitres, les Paul Richer, les Legrand du Saulle, les Gilles de la Tourette, etc, etc, et quand nous citons un fait, nous indiquons presque toujours l'auteur d'où nous l'avons tiré.

Pour mettre, autant que possible, notre ouvrage à la portée de toutes les intelligences, nous avons cru devoir remplacer par des termes usuels que tout le monde comprend, les grands mots tirés du grec, dont certains médecins surtout aiment à faire parade et qui sont incompréhensibles pour la plupart des lecteurs. Notre travail gagnera en clarté ce qu'il perdra peut-être en précision scientifique. C'est pour la même raison que, dans le cours de l'ouvrage, nous avons cité un grand nombre de faits qui, à notre avis, feront mieux comprendre les phénomènes hystériques que de longues dissertations.

Comme ce n'est pas par spéculation, mais dans le désir d'être utile, que nous avons composé ce petit traité, si nous avons atteint ce but, nous conjurons tous ceux qui le liront de se souvenir dans leurs prières, de celui qui l'a écrit, à un âge où, suivant l'expression du prophète, la vie n'est plus que peine et douleur.

A. TOUROUDE.

L'HYSTÉRIE

CHAPITRE PREMIER

Nature, fréquence et causes de l'Hystérie.

Il y a peu de maladies, dit le docteur Hospital. sur lesquelles on ait tant écrit que sur l'hystérie. Elle est connue depuis la plus haute antiquité, et les auteurs nous apprennent que beaucoup d'hystériques sont dangereuses soit pour elles-mêmes, soit pour autrui.

I

NATURE ET FRÉQUENCE DE L'HYSTÉRIE

L'hystérie est une maladie nerveuse qui varie tellement, qui a des caractères si fantaisistes, si étranges et si inattendus, une marche si capricieuse et si instable que, suivant l'expression de Sydenham, c'est un véritable Protée qui se présente sous autant de couleurs que le caméléon et qu'il est impossible d'en donner une définition précise.

Dans l'hystérie on trouve des troubles nerveux extrèmement variés, tantôt irréguliers, tantôt revenant par accès, à certaines époques, depuis la tristesse sans motifs, l'agacement, l'irritabilité, les vertiges, la pesanteur de tête, les palpitations, les vapeurs et maux de nerfs, comme les appellent les femmes, jusqu'aux attaques avec cris, mouvements convulsifs, perte plus ou moins complète de connaissance et de sentiment. L'exaltation de la sensibilité paraît jouer le rôle principal dans la production des accidents hystériques : et l'on peut avancer, ajoute Bernutz, que l'exagération de l'impressionnabilité est une condition, pour ainsi dire indispensable, de la manifestation de la névrose. Aussi Briquet a-t-il pu dire que l'hystérie est la folie de la sensibilité. Cette affection simule une foule de maladies : « Voilà pourquoi, dit Lasègue, la définition de l'hystérie n'a jamais été donnée et ne le sera jamais. »

On a longtemps attribué cette maladie à ce qu'on appelait l'*uterus*. A l'époque où vivaient Hippocrate et Galien, rapporte le docteur Grasset, on soutenait que l'uterus est un animal logé dans la femme et poussant violemment à la procréation des enfants. Quand on ne lui donne pas une suffisante satisfaction, il s'indigne, parcourt le corps en tout sens et donne lieu à toute espèce de malaises et de maladies. D'un passage de Platon on avait déduit le célèbre aphorisme qui servit long-temps de base à la théorie et au traitement de l'hystérie féminine : *Nubat illa et morbus effugiet*, Mariez la jeune fille et la maladie disparaîtra. La science a fait justice de toutes ces erreurs et ne voit plus dans l'hystérie qu'une névrose qui a son point de départ à la partie inférieure de l'abdomen et qui affecte en même temps le système nerveux en général.

On s'étonnera peut-être que des hommes aussi intelligents et aussi savants que Platon, Hippocrate et Galien, aient pu avancer une pareille absurdité, on en sera moins surpris quand on connaîtra un fait constaté, à plusieurs reprises, dans son service, par le docteur Pitres, doyen de la Faculté de médecine de Bordeaux, en 1890. « Albertine M..., âgée de 28 ans, eut des attaques convulsives presque quotidiennes pendant près de deux ans ; c'étaient de grandes attaques épilepti-formes... Depuis, les attaques convulsives sont devenues plus rares ; elles ont été remplacées par des attaques de sommeil spontané. Actuellement Albertine s'endort spontanément plusieurs fois par semaine. Mais cette attaque de sommeil s'an-nonce d'une manière toute différente que les atta-ques convulsives. La malade sent, dans le flanc gauche, une boule, de la grosseur d'un œuf de poule, qui se détache de la région ovarienne et fait rapi-dement sept ou huit tours dans l'abdomen. Aussi-

tôt après, surviennent des langueurs d'estomac
très pénibles qui persistent pendant un temps variable de quelques minutes à deux ou trois heures.
Puis, tout à coup, la malade éprouve une contraction aux tempes ; ses yeux deviennent brillants, humides ; sa tête se renverse en arrière ;
elle fait deux ou trois grands mouvements avec
les bras et tombe dans l'état de sommeil. »
Huchard a rencontré des jeunes filles qui expri-
maient ce qu'elles éprouvaient « par la sensation
de corps étrangers à la gorge, de bêtes qu'elles ont
dans le ventre, de vers qui montent et qui descendent. » Si Hippocrate et Galien avaient observé de pareils phénomènes produits sans lésion
organique, on conçoit qu'ils aient pu les attribuer
à un animal étrange qui parcourait ainsi le corps
de la malade. Ce qui paraît le plus surprenant,
c'est qu'ils n'aient point remarqué que le mariage ne faisait pas disparaître ces accidents.

Pendant longtemps on a regardé l'hystérie
comme une maladie honteuse. Aujourd'hui encore, telle femme qui ne se trouverait nullement
offensée, si on lui disait qu'elle est nerveuse, serait
très blessée et très humiliée, si on lui disait qu'elle
est hystérique. C'est que beaucoup de gens s'imaginent que l'hystérie entraîne nécessairement aux
plus déplorables emportements de la luxure.
« C'est que, ajoute le docteur Gilles de la Tourette, dire d'une femme qu'elle est hystérique,
cela équivaut dans le monde à la considérer comme

une dévergondée ; or, c'est là un préjugé aussi faux qu'il est fâcheux. Le dérèglement est chez elle *psychique*, mental et non pas *physique*. C'est même souvent avec une extrême répugnance qu'elle se prête dans le mariage aux actes les plus légitimes. » « Qu'on le sache bien, dit Legrand du Saulle, la femme hystérique a été calomniée : elle n'est point asservie à la sensualité, et si parfois, dans de grandes crises, elle manifeste des tendances aux actes les plus indécents, ces tendances ne tiennent pas essentiellement à la maladie. Ce n'est qu'un effet de l'excitation générale du système nerveux, de ce désir d'aventures où pousse les hystériques leur caractère romanesque, de leur insurmontable besoin d'émotions, de leur incessante recherche de l'imprévu, bien plus que de l'appétit de satisfactions sensuelles.

« On voit parfois les jeunes filles les mieux élevées, les plus réservées avant leur maladie, s'éprendre d'une passion passagère pour leur médecin ou leur confesseur, s'émouvoir au bruit de leurs pas, concevoir des idées de mariage, rêver des unions impossibles ; mais tout cela ordinairement sans suite ; l'idée délirante changeant à chaque instant de sujet et d'objet, apparaissant souvent subitement et disparaissant de même. En résumé, les femmes les plus chastes et les plus honnêtes peuvent être hystériques. L'hystérie est une maladie nerveuse qui n'a rien à voir avec certains appétits sensuels. » (LEGRAND DU SAULLE.)

Et cependant, en 1816, Louyer-Villermay écrivait encore dans un traité qui a exercé la plus né-
faste influence : « Les causes les plus fréquentes
de l'hystérie sont la privation des plaisirs de la
volupté et les chagrins relatifs à cette passion. »
Après avoir cité ce passage, Briquet indigné
s'écrie : « Ce traité devrait dater de 1500 plutôt
que de 1816. Que penser, en effet, d'un auteur qui,
en plein xix⁰ siècle, consacre tout son ouvrage à
faire de l'hystérie une maladie de lubricité, une
affection honteuse et à rendre les hystériques des
objets de dégoût et de pitié ! »

Evidemment, d'après les anciennes théories, les
femmes seules pouvaient être atteintes d'hystérie,
et, jusqu'à ces derniers temps, les médecins eux-
mêmes regardaient cette maladie comme leur
étant spéciale ; cette opinion doit être abandonnée
aujourd'hui. Des observations multipliées ont
démontré l'existence de l'hystérie chez l'homme ;
toutefois elle est incomparablement plus fréquente
chez la femme. Briquet qui a étudié cette maladie
d'une manière toute spéciale, et dont les ouvrages
font autorité en cette matière, admet que sur cent
hystériques, il y a quatre-vingt-quinze femmes et
cinq hommes seulement. Et même les docteurs
Grasset et Legrand du Saulle trouvent que Briquet ne fait certainement pas une part assez large
à la femme. Cette affection est donc une exception
chez l'homme, tandis qu'elle est très commune
chez les personnes du sexe. C'est un point qui ne

saurait soulever aucune contestation. Bernutz
même n'admet qu'un homme sur mille hystériques.

Toutefois, suivant le docteur Gilles de la Tourette, « d'après les dernières observations de
MM. Pitres à Bordeaux, Marie, Girode, Souques
dans divers hôpitaux de Paris, il semblerait que de
nos jours et avec nos mœurs, l'hystérie devient de
plus en plus fréquente parmi les hommes. » Un
médecin du Val-de-Grâce, à Paris, nous disait qu'il
n'est pas très rare de rencontrer à l'hôpital des soldats
hystériques. Un autre fait bien curieux attesté par
les docteurs Charcot, Gilles de la Tourette et d'autres médecins, c'est que la race juive paraît surtout prédisposée à cette maladie. « L'hystérie,
dit le docteur Raymond, est assez fréquente à
Varsovie, parmi les personnes des deux sexes ;
mais les hommes hystériques sont presque tous
des israélites. »

Mais d'où vient cette prédominance de la névrose
chez la femme? Les opinions sont très partagées
sur ce point. Il y en a qui font jouer à certains
organes un rôle prépondérant que rien ne justifie.
Briquet paraît en avoir donné la raison la plus plau-
sible. « La femme, dit-il, est douée d'un mode de
sensibilité très différent de celui de l'homme et
cette différence est attestée par la série de troubles
que produisent chez elle les moindres émotions.
C'est là surtout qu'il faut voir la cause de la plus
grande fréquence de l'hystérie chez la femme. »

Briquet soutient que plus de la moitié des femmes sont hystériques ou du moins très impressionnables.

« Il est une vérité dont il est indispensable d'être bien pénétré, dit Babinski, c'est que le domaine de l'hystérie est infiniment plus vaste qu'on ne le croyait autrefois. C'est une des maladies nerveuses des plus fréquentes qui peut atteindre l'enfant, l'adulte et le vieillard, les deux sexes, que les causes les plus diverses, influences morales, accidents, intoxications, infections, sont susceptibles de provoquer. »

« L'affection hystérique, dit à son tour Sydenham, autrement appelée *les vapeurs hystériques*, est, si je ne me trompe, la plus fréquente de toutes les maladies chroniques. En effet, il est peu de femmes qui en soient entièrement exemptes, à l'exception de celles qui sont accoutumées à une vie dure et laborieuse. » Le docteur Legrand du Saulle ne va pas aussi loin, il estime qu'à Paris seulement, il y a environ cinquante mille hystériques dont dix mille ont des attaques ou des crises avec convulsions.

II

CAUSES DE L'HYSTÉRIE.

Hippocrate et Galien croyaient que l'hystérie naît de la continence. Cette idée ancienne comme la médecine a fait son chemin de génération en génération et jouit encore du crédit que rencontrent trop souvent dans le monde les préjugés anciens, surtout lorsqu'ils touchent aux choses médicales. Comment une pareille erreur a-t-elle pu naître ? On a de la peine à se l'expliquer : mais on conçoit qu'elle ait été facilement admise, quand on l'a vue professée et défendue par les maîtres de la science, aux différentes époques (LEGRAND DU SAULE.)

Dans le siècle dernier, Parent du Châtelet regardait comme parfaitement démontré que les femmes de mauvaise vie qui devraient y être particulièrement disposées, en sont très rarement atteintes. Legrand du Saule enseigne absolument le contraire et voici la raison qu'il en donne : « Les excès de toute nature, dit-il, auxquels se livrent ces malheureuses, l'abus des boissons alcooliques, les veilles, les mauvais traitements qu'elles ont à subir, constituent autant de conditions fâcheuses, susceptibles de préparer et de faire naître chez elles la névrose. » Il va même jusqu'à dire que « dans les couvents la névrose est très rare, notamment parmi les religieuses des hôpitaux et des écoles, soustraites par leurs conditions d'existence aux influences prédisposantes qu'engendrent dans le cloître, l'absence de relations avec le dehors, les macérations et les méditations prolongées. Dans les maisons hospitalières on rencontre, toutes proportions gardées, beaucoup plus d'hystériques parmi les femmes mariées ou vivant en concubinage, que parmi les religieuses. »

D'après Briquet, chez les divers ordres de religieuses où la continence est de règle, on ne voit éclater l'hystérie que dans le petit nombre de maisons où les religieuses sont livrées à la prière incessante, aux austérités et à la vie contemplative. » Sur ces paroles, Gilles de la Tourette, avec la passion qui le domine, toutes les fois qu'il s'agit des institutions de l'Eglise, s'empresse de dire : « Briquet aurait pu ajouter que le fait seul de s'astreindre à ces pratiques de dévotion excessive, de s'enterrer, pour ainsi dire, en pleine vie, derrière les grilles d'un cloître, était attentatoire aux lois naturelles et dénotait chez les sujets une hérédité nevropathique certaine. Point n'est besoin alors d'invoquer la privation de relations sexuelles, trop souvent indiquées à tort pour expliquer la genèse des épidémies d'hystérie dans les couvents. »

Le Docteur Grasset et les médecins ordinaires des communautés ne sont pas aussi affirmatifs et ils reconnaissent qu'aujourd'hui l'hystérie est assez fréquente dans les couvents, mais ils s'accordent avec lui pour reconnaître que c'est ailleurs que dans la continence, qu'il faut aller chercher les causes de l'hystérie. C'est dans le genre d'éducation, dans les émotions dépressives, dans les chagrins de différentes natures, c'est surtout et avant tout dans la grande loi si funeste de l'hérédité nerveuse qu'on la découvrira.

Parmi ces causes, les unes agissent lentement et à distance ; elles préparent l'hystérie plutôt qu'elles ne l'engendrent, elles constituent ce que les auteurs appellent *les causes prédisposantes* ; les autres sont plus étroitement liées au début même de la névrose, on les appelle *causes déterminantes.* La cause déterminante n'est souvent que l'occasion qui fait éclore la maladie, mais qui serait insuffisante pour l'engendrer sans le concours des conditions dites prédisposantes, dont l'influence est autrement puissante et dont le rôle est capital.

§ Ier

Causes prédisposantes.

Les auteurs regardent principalement comme causes prédisposantes le sexe, l'âge, l'hérédité, les influences morales.

LE SEXE. — On a déjà vu que l'hystérie est surtout une maladie des femmes et n'atteint que très exceptionnellement les hommes. « Seulement, d'après Pitres, elle est plus précoce chez les femmes. Elle se développe chez elles entre onze et vingt-cinq ans, et chez les hommes entre vingt-six et quarante ans. Mais elle suit la même marche et produit les mêmes accidents chez les uns comme chez les autres. On a même remarqué que les hommes qui en sont atteints, ont quelque chose de féminin dans leur constitution, dans leurs goûts, dans toute leur personne. En 1878, le docteur Charcot fut appelé en consultation auprès d'un jeune garçon atteint d'hystérie ; il fut tout d'abord frappé du caractère particulièrement féminin du malade ; il portait des bagues aux doigts et aimait à se parer et à jouer à des jeux de petites filles ; au reste très intelligent, remportant tous les prix de sa classe, mais d'un caractère inégal et emporté, impressionnable à l'excès et pleurant facilement.

Bernutz rapporte à peu près la même chose d'un jeune homme de vingt-trois à vingt-quatre ans qu'il avait observé personnellement. « Chez ce jeune homme, dit-il, d'une conduite irréprochable, mais d'une constitution chétive, d'une santé très délicate, de goûts et de caractère très singuliers, vivant presque continuellement avec sa mère profondément hystérique, les attaques survenaient presque toujours à la fin de l'après-midi, à la suite de recherches microscopiques prolongées. Les attaques, précédées d'un sentiment de suffocation, caractérisées par des mouvements convulsifs désordonnés, absolument semblables à ceux qu'on observe chez les femmes hystériques, se terminaient par une crise de larmes et étaient presque toujours suivies par un accès de désespoir pendant lequel ce jeune homme semi-délirant, loin d'avoir des pensées lascives, passait en revue, en paroles rapides, l'hystérie de sa mère, la goutte de son père et toutes les causes de sa mauvaise santé qui l'entravait dans sa carrière... Quoique très intelligent, ce jeune homme n'est arrivé à rien. » (Bernutz.)

L'age. — Quoique l'hystérie se montre quelquefois dès le jeune âge et qu'on l'ait observée dans des enfants de dix à douze ans, c'est surtout à l'époque de la puberté qu'elle se manifeste. Plus de la moitié des cas observés par Briquet avaient pris naissance de dix à vingt ans ; elle est encore fréquente de vingt à trente ans ; au delà elle va en diminuant progressivement à mesure qu'on s'éloigne de la puberté ; après le retour d'âge, c'est une exception (Grasset.)

Mais il existe dès l'enfance un état spécial de susceptibilité qui est particulier aux sujets destinés à devenir plus tard hystériques.

D'après Briquet, l'hystérie qui débute dans le bas-âge, dure toute la vie, à moins qu'au moment de la puberté ou du mariage il ne se produise un changement favorable. Quand la maladie fait son apparition de vingt-cinq à trente ans, elle a généralement une durée beaucoup moins longue. (Legrand du Saulle.)

L'hérédité. — L'hérédité est la cause prédisposante la plus ordinaire de toutes les névroses, avec ou sans troubles psychiques. C'est assez dire qu'elle tient une grande place dans la production de l'hys-

térie. Les névroses ont de la tendance à se perpé-
tuer de génération en génération ; la folie engen-
dre la folie, l'épilepsie provoque l'épilepsie, tantôt
directement, tantôt indirectement.

Il faut dire de l'hystérie ce qu'Hippocrate disait
de l'épilepsie : « Elle a son principe dans l'hérédité, comme toutes les autres maladies ; car si des
parents phlegmatiques mettent au monde des
enfants phlegmatiques, les bilieux des enfants
bilieux, les phtisiques des enfants phtisiques... »
Rien n'empêche que les parents qui sont atteints
de l'hystérie, aient des enfants qui en soient également atteints. » Et cette notion de l'hérédité de
l'hystérie s'est perpétuée d'âge en âge à travers
les siècles. (GILLES DE LA TOURETTE.)

« De l'avis de tous les observateurs, ajoute
Bernutz, l'hérédité constitue une des causes prédisposantes les plus puissantes et on peut lui attribuer le plus grand nombre des cas dans lesquels
cette névrose se déclare dans la première enfance. »

« Les esprits forts, dit à cette occasion M. Ch.
Ganivet, se sont-ils assez moqués de ce péché
originel qui depuis le premier homme s'est trans-
mis, à travers les âges, de génération en génération. Et voilà que la matière est strictement soumise aux mêmes lois et qu'une lésion cérébrale
dont l'origine se perd à travers le nombre des
aïeux, se propage de même et qu'un innocent
transmet fatalement à un autre la tare morbide en
germe chez lui dès le jour de la conception. »

C'est à Georget que revient le mérite d'avoir démontré que les femmes hystériques ont presque toujours parmi leurs proches parents des hystériques, des épileptiques, des aliénés, des hypocondriaques, des sourds-muets, ou des aveugles de naissance, des originaux, des violents, des superstitieux, des débauchés ou encore des malades affectés de certaines lésions organiques. La moitié des mères atteintes d'hystérie la transmettent à leurs filles, parfois avec une régularité déplorable et une constance fâcheuse. M. Bernutz a vu une mère hystérique engendrer six filles hystériques. « La fille d'une mère hystérique avec attaques, dit Brichet, est un être généralement voué à la souffrance. Durant l'enfance, c'est le plus souvent un sujet grêle, chétif, toujours malingre, sans appétit, sujet aux douleurs de tête et ayant souvent la migraine ; à seize ans, c'est une hystérique tourmentée par toutes les douleurs possibles ; à vingt ans, elle a des attaques, à vingt-cinq ans, elle a des membres ou une partie du corps insensibles ; enfin, à quarante ans, elle devient souvent infirme ou idiote. » La jeune personne qui n'a dans sa famille qu'une sœur hystérique, peut être beaucoup moins atteinte, mais il est rare qu'elle passe sa jeunesse sans payer quelque tribut à la maladie.

Les hystériques, dit Briquet, ont vingt-cinq pour cent de parents atteints de maladies nerveuses ou d'affections cérébrales, tandis que les sujets non hystériques en comptent à peine deux ou trois pour cent. D'après Amann, la proportion serait encore plus considérable, et sur cent hystériques qu'il a observés, soixante-seize avaient des prédispositions héréditaires.

Le docteur Pitres partage le sentiment d'Amann. « Parmi les vingt-six ascendants directs et immédiats de nos treize malades, disait-il aux élèves qui suivaient sa clinique, vingt sur vingt-six, étaient atteints d'accidents nerveux. »

La prédisposition par hérédité est la plus grave et, suivant Legrand du Saulle, on l'observe dans près de la moitié des cas. A cette occasion, il raconte le fait suivant : « Monsieur X... est un musicien de valeur et un compositeur de talent ; mais d'un caractère bizarre et emporté ; il a toujours eu une conduite excentrique et souvent déréglée. Marié à une femme belle, intelligente et instruite, il a eu quatre enfants, deux garçons et deux filles. L'aîné entre comme caissier chez un négociant, vole son patron et est condamné aux galères où il se trouve en ce moment. Le second, d'un caractère irritable et violent, a marché sur les traces de son frère et est tombé dans l'état le plus méprisable. Ses deux filles étaient l'une et l'autre hystériques, l'aînée est morte ; la plus jeune, bien élevée, très instruite, musicienne de talent, a eu une vie assez accidentée. Douée d'une impressionnabilité excessive, elle est remarquable par la mobilité de de son caractère et de son humeur. L'intelligence est vive, le raisonnement assez droit, mais elle est incapable de donner suite à un projet de longue portée. Placée dans la nécessité de subvenir elle-même à son existence, elle combine à merveille des plans de conduite assez compliqués, ourdit une intrigue avec habileté, mais change à chaque instant de ligne de vie. Plusieurs fois par semaine, même plusieurs fois par jour, la malade a des attaques convulsives dans lesquelles elle perd complètement connaissance. En résumé, dans cette malheureuse famille, quatre enfants ont été la victime des excès de leur père. Chez cet homme l'intelligence est vive, mais il existe une sorte de tare qui en fait un individu moralement vicié. Cette tare s'est transmise directement aux descendants. Chez les fils, elle s'est traduite par l'absence de sens moral, la propension au vol et au libertinage, et chez les filles elle a engendré l'hystérie.

Enfin, il est une cause héréditaire dont les anciens auteurs ne parlent pas et qui malheureusement est aujourd'hui une des plus fréquentes, c'est l'abus des liqueurs alcooliques. Tous les médecins constatent, en gémissant, la dégénérescence de la race française jadis si forte et si vigoureuse et tous l'attribuent pour une grande part à l'usage immodéré des boissons distillées. Et non seulement les hommes, mais, ce qui est triste à dire, un grand nombre de femmes, même dans les rangs élevés de la société, se livrent à cette funeste passion. « Qui sait, dit Jules Le Maître, si notre société actuelle ne trouvera pas sa fin dans la folie furieuse ? Aujourd'hui nous n'en sommes qu'au détraquement général ; mais c'est déjà très marqué. Une foule de causes concourent à cet effet et la chimie, avec ses inventions mortelles, est une grande coupable. Depuis qu'elle a trouvé le moyen de fabriquer l'alcool, elle a nécessairement favorisé l'empoisonnement général et la statistique terrible des asiles d'aliénés nous apprend, hélas ! le chiffre toujours croissant de ses méfaits. »

A ce propos nous devons avouer que nous avons été longtemps dans une grande erreur. Nous nous imaginions que tous ceux qu'on appelle des alcooliques, étaient des ivrognes invétérés ; un savant médecin du midi de la France nous a détrompés sur ce point. « Il y a des gens, nous disait-il, qui ne s'enivrent jamais et qui sont alcooliques au suprème degré ; tandis que d'autres qui s'enivrent assez souvent, ne sont point alcooliques. Ainsi dans l'Anjou et dans certaines contrées où l'on récolte de petits vins blancs très agréables, on voit souvent des gens ivres ; mais les alcooliques y sont relativement rares ; tandis que dans les peuples du Nord et dans les provinces où l'on ne récolte pas de vin, mais où l'on boit beaucoup d'eau-de-vie, les alcooliques sont très nombreux. »

Aujourd'hui l'usage du café est répandu partout et dans les villes, il y a peu de familles, surtout dans la classe ouvrière, où l'on ne prenne, au moins une fois par jour, du café additionné d'eau-de-vie. Sans cette addition, dit-on, le café serait trop fade même pour la femme et les enfants, et la dose va toujours en augmentant. Par une économie mal entendue ou forcée, les ouvriers achètent au jour le jour, dans des débits de bas étages, des eaux-de-vie frelatées, fabriquées avec des grains avariés, des marcs de raisin, de la betterave, du riz, de la fécule de pommes de terre et souvent avec des substances encore plus malsaines dont on est parvenu à corriger le mauvais goût par des mélanges et des compositions chimiques. Les ouvriers les plus sages se rassurent parce qu'ils ne s'enivrent pas ; mais l'alcool n'en produit pas moins son effet, d'autant plus rapidement qu'il est de plus mauvaise qualité. C'est un empoisonnement continu à petites doses, qui ne tarde pas à altérer les fonctions de la vie organique. L'abus habituel des boissons alcooliques trouble la digestion, éteint l'appétit, produit des aigreurs, des rapports âcres et douloureux, une chaleur brûlante à l'épigastre. L'alcool agit chimiquement sur les parois de l'estomac : il crispe ses tuniques ; de là des épaississements, des indurations qui. avec le concours d'une prédisposition spéciale, se convertissent en cancers. (A. Bossu)

« L'empoisonnement alcoolique, dit le docteur Cruveilhier, exerce sur la santé des populations, des ravages qui tendent à s'accroître de jour en jour et sur lesquels on ne saurait trop appeler

l'attention. Ce qu'il y a de triste et de douloureux
dans les effets de l'intoxication alcoolique, c'est
qu'elle ne se borne pas à frapper les individus,
mais atteint la race. » — « A la première génération, atteste le docteur Morel, apparaissent
l'immoralité, la dépravation, les excès alcooliques,
et l'abrutissement moral ; à la deuxième génération, l'ivrognerie héréditaire, les accès maniaques
et la paralysie générale ; à la troisième génération, la monomanie, la mélancolie, le caractère
bizarre, atrabilaire, la tendance au suicide ou à
l'homicide ; à la quatrième enfin, la dégénérescence
est complète, l'enfant naît imbécile ou idiot ou le
devient à l'adolescence. »

On comprend facilement que des enfants, issus
de parents dont le sang est brûlé par l'alcool, sont
fatalement voués à l'hystérie, à l'épilepsie et à
la folie. Les auteurs en citent un grand nombre
d'exemples.

« François D..., raconte Legrand du Saulle,
peut passer aux yeux de ceux qni ne connaissent
pas ses antécédents, pour un véritable imbécile de
naissance ; sa tête est irrégulière ; il la porte pen-
chée sur la poitrine ; sa démarche est lente ; ses
gestes automatiques ; sa figure exprime l'hébétude
la plus complète et l'on y chercherait en vain la
manifestation d'une idée ou d'un sentiment...

« François D... appartient à une excellente
famille ouvrière dont le chef s'est adonné de
bonne heure aux excès de boisson. La honteuse

passion qui le consumait, n'était pas connue de la femme qui fut, pour son malheur, associée à ses destinées... Les serments mille fois répétés que fit cet ivrogne de changer de conduite, n'amenèrent que des intermittences de peu de durée et l'alcoolisme chronique devint son état permanent. Il finit par mourir, après avoir passé par tous les degrés de cette honteuse maladie.

« Cet individu eut sept enfants dont voici la triste histoire. Les deux premiers moururent en bas-âge, par suite de convulsions, à ce qui m'a été assuré. Le troisième devint aliéné à l'âge de vingt-deux ans ; il avait montré assez d'intelligence dans l'exercice d'une profession industrielle, et il finit cependant par succomber dans l'état d'idiotisme. Le quatrième est celui dont nous écrivons l'histoire et qui, après avoir acquis dans son industrie une certaine adresse qu'il ne put jamais dépasser, tomba dans une mélancolie profonde avec tendance au suicide et passa presque sans transition à l'état où il est aujourd'hui. Un autre frère est bizarre, d'un caractère irritable et misanthropique ; il a rompu ses relations avec tous les membres de la famille. Sa jeune sœur souffrit toute sa vie d'un état névropathique avec prédominence des phénomènes hystériques et sa raison s'est déjà plusieurs fois troublée d'une manière permanente. Elle a été de bonne heure terrifiée par les emportements du père et le triste spectacle qui l'a continuellement entourée, a pro-

duit sur sa sensibilité morale l'influence la plus
fàcheuse. Enfin le dernier des enfants de cette
malheureuse famille est un ouvrier d'une intelligence remarquable, mais d'un tempérament très
mauvais ; dans les accès de tristesse qui sont
fréquents chez lui, il émet spontanément sur son
avenir intellectuel les pronostics les plus déses-
pérants. » (L. du S.)

Les influences morales. — « Et cette vie fié-
vreuse, dit Charles Ganivet, que l'on mène partout,
est-ce qu'elle est à compter pour rien ? De même que
cette maladie de la vanité poussée jusqu'au paro-
xisme et ce besoin de paraître tellement accentué
qu'il en devient morbide ; et cette course sans
merci après la fortune immédiate qui opère du
haut en bas de l'échelle sociale avec une intensité
sans pareille et qui fait que nul n'est satisfait de
sa position et que tant d'individus s'effondrent
pour. avoir rêvé des choses impossibles, couru
après des chimères, pour aboutir finalement au
suicide, où à la maison des fous, faut-il aussi les
compter pour rien ?

« Les influences morales, dit à son tour Legrand
du Saulle, jouent certainement un rôle prépondérant dans la genèse de l'hystérie. Les émotions,
les chagrins, les déceptions, toutes les causes susceptibles d'exciter fortement et surtout d'une façon
continue le système nerveux, pourraient à elles seules déterminer, à un moment donné, cette rupture

de l'équilibre de l'organisme qui constitue la maladie que nous étudions. A plus forte raison, ces causes agiront-elles sur un organisme prédisposé
déjà à l'éclosion de la maladie par son âge ou les
particularités de ses antécédents héréditaires.

L'Education. — Quoi qu'on en ait dit, l'éducation,
la position sociale, les professions n'ont d'action
qu'autant qu'elles surexcitent plus vivement les
passions ; qu'elles substituent à une vie calme et
régulière une existence agitée ; qu'elles exposent la
femme à ces influences morales fâcheuses qui s'appellent le chagrin, la crainte, l'envie, la jalousie.

« Les peurs que l'on fait aux enfants pour les
empêcher de mal faire, peuvent être également la
cause du développement d'accidents hystériques.
Ce détestable mode d'éducation, dit avec raison
Mosso, n'a pas encore disparu ; on fait toujours
peur aux enfants avec Croque-Mitaine, avec des
histoires de monstres imaginaires, de loup-garoux,
de magiciens et de sorciers. A tout moment on
dit aux enfants : « celui-ci va te manger, celui-là va
te mordre ; appelez le chien, voici le ramoneur » et
cent autres peurs qui leur font verser de grosses
larmes et dénaturent leur gentil caractère en les
troublant par d'incessantes menaces, par une tor-
ture qui les laisse timides et faibles ; ajoutez et qui
n'est pas, chez bon nombre d'entre eux, sans
influence sur le développement d'accidents nerveux
de nature hystérique. » (G. de la T.)

« On peut faire la même remarque au sujet de cette fâcheuse habitude que l'on a, dans certains milieux, de bourrer à satiété l'esprit des enfants de contes fantastiques, dans lesquels les sorciers et les revenants jouent les principaux rôles. Le docteur Charcot relatant l'histoire d'une petite épidémie d'hystérie ayant sévi sur les trois enfants d'une même famille qu'on avait sottement associés à des pratiques réitérées de spiritisme, en conclut « qu'elle indique clairement tout le danger, surtout chez les sujets prédisposés, des pratiques superstitieuses, lesquelles ont malheureusement pour eux un si grand attrait, de cette tension d'esprit si constante dans laquelle sont plongés ceux qui s'adonnent aux pratiques du spiritisme, à la mise en œuvre du merveilleux pour lequel l'esprit des enfants est toujours si largement ouvert. » (G. de la T.)

Qui pourrait croire que Gilles de la Tourette, d'après cela, ne craint pas d'assimiler les pratiques les plus touchantes de la Religion aux pratiques superstitieuses du spiritisme. « L'époque de la première communion, dit-il, les pratiques religieuses répétées et quelquefois fatigantes, auxquelles donne lieu cette cérémonie, jouent à ce point de vue un rôle funeste chez bien des enfants. »

Voilà plus de cinquante ans que nous disposons à leur première communion des enfants de toute condition et nous sommes encore à voir un enfant qui ait eu à regretter ce jour, le plus heureux de la vie, au jugement de Napoléon. Ne faut-il pas avoir un parti bien arrêté d'attaquer en tout et partout la religion, pour faire de ce jour un jour funeste ? Nous en appelons au témoignage de ceux qui ont eu le bonheur de faire leur première communion dans de bonnes dispositions. Quant aux autres pour qui ce n'est qu'une vaine cérémonie, elle n'a pu leur causer de funestes impressions.

Le mode d'éducation a une influence incontestable soit en rendant le système nerveux trop impressionnable, soit en multipliant les occasions d'impressions. Aussi la naissance et l'éducation dans les grandes villes disposent beaucoup plus à l'hystérie que la vie à la campagne. (Grasset.)

Bernutz partage le même sentiment : « L'hystérie, dit-il, est bien plus commune dans les villes qu'à la campagne, abstraction faite de certaines contrées montagneuses comme la Suisse, et elle acquiert son maximum de fréquence dans les grandes villes, surtout dans les moments où il y a un grand luxe et le relâchement des mœurs, comme sous Louis XV et dans l'époque actuelle. » Une éducation mal conduite, tant au point de vue physique qu'au point de vue moral, prédispose puissamment à l'hystérie. Si nous supposons une enfant élevée à huis-clos, insuffisamment adonnée aux exercices du corps que comporte son âge ; une enfant gâtée, à laquelle on passe tous ses caprices et toutes ses fantaisies ; se livrant de bonne heure aux frivoles distractions qui sont de nature à surexciter ses sens, à la lecture des romans, à la culture excessive de la musique, nous aurons la clef de bien des faits. » « Si votre fille lit des romans, disait Tissot, elle aura des attaques de nerfs à vingt ans. »

« Cependant une éducation trop dure, dit Briquet, conduit plus à l'hystérie qu'une éducation trop douce. — Le régime de vie dans laquelle l'alimentation est insuffisante, conduit plus à l'hystérie qu'un régime trop succulent. — Les passions et les affections morales tristes sont les seules qui prédisposent à l'hystérie. »

La latitude et les climats paraissent sans influence. Les différences constatées entre les divers pays, viennent plutôt des différences de mœurs et de genre de vie.

Quant à la position sociale, les auteurs n'y attachent pas grande importance. Toutes les femmes, disait Duvernay, peuvent devenir hystériques, mais elles le deviennent en proportion des peines qu'elles endurent et bien évidemment les pauvres en endurent plus que les riches. D'après Briquet, c'est dans les classes les plus pauvres et les plus riches que l'hystérie est le plus fréquente. « On se l'explique facilement, dit Legrand du Saulle. Aux dégrés inférieurs de l'échelle sociale, les privations, la misère, les chagrins et les ennuis de diverses natures surexcitent le système nerveux ; dans les hautes couches sociales, l'abus des plaisirs mondains, la vie lascive, les mille incitations qui résultent de la fréquentation des soirées, des bals, des représentations théâtrales, aboutissent au même résultat ; tandis que le fonctionnement du système nerveux est rarement troublé chez le bourgeois paisible et aisé. »

On a beaucoup parlé d'une constitution hystérique et jusqu'à une époque qui n'est pas très éloignée de nous, tous les auteurs qui se sont occupés de l'hystérie, se sont attachés à la décrire. « Les femmes hystériques, dit Louyer-Villermay, ont un teint brun, très coloré, des yeux vifs et noirs, la bouche grande, les dents blanches, les lèvres d'un rouge incarnat, les cheveux abondants, le système pileux bien fourni et couleur de jais. » Pour Sydenham et Lorry au contraire, l'hystérique est habituellement pâle, maigre, débilitée. C'est aussi l'avis de Copland. A qui se fier entre ces opinions contradictoires ? Le plus sage est encore de ne croire personne... Il suffit en effet, d'avoir sans parti pris, examiné un certain nombre de malades pour se convaincre qu'elles diffèrent profondement les unes des autres par la taille, le poids, l'embonpoint, la coloration des cheveux et de la peau. (Legrand du Saulle).

Les prédispositions à l'hystérie jouent un rôle capital sur la durée et l'intensité de l'affection. En effet, tandis que chez les non-prédisposées, l'époque de l'apparition de la maladie est en moyenne vingt-deux ans ; chez les prédisposées, elle apparait de quatorze à dix-huit ans. La durée des crises est plus courte chez les premières et l'intensi-

té moindre. Il y a encore d'autres causes prédisposantes provenant de diverses maladies, nous
n'avons pas à nous en occuper ici.

§ II.

Les causes déterminantes.

Les causes *déterminantes* ne présentent qu'un
intérêt secondaire, parce qu'elles sont de minime
importance. Elles font souvent défaut et il arrive
couramment qu'il soit impossible, en face de l'hystérie confirmée, de trouver, en dehors de la prédisposition, aucune explication légitime. La prédisposition est tout. Comme nous l'avons déjà vu, la
maladie ne naît pas inopinément du jour au lendemain, sans avoir été le plus souvent préparée
de longue-main par l'éducation, par le milieu où
l'on vit, par l'hérédité vicieuse. Aussi les causes
qu'on appelle *déterminantes,* sont plutôt l'occasion
que la cause vraie de l'apparition des premiers
symptômes de la névrose. C'est la goutte d'eau
qui fait déborder le vase déjà plein, l'étincelle
qui met le feu aux poudres.

Parmi les causes déterminantes, les unes sont
physiques, les autres morales. Les premières surviennent à la suite de diverses maladies, de blessures, de plaies, etc. Les secondes proviennent
presque toujours d'émotions vives, inattendues,

d'une contrariété, de l'indignation produite par une accusation injuste.

Charcot cite, en particulier, l'exemple d'un homme qui devint hystérique à la vue du cadavre tout pantelant de son fils qui venait de tomber d'un échafaudage. M. Rendu cite le cas d'un étudiant en médecine qui présenta tous les signes de l'hystérie, aussitôt après avoir appris que sa fiancée l'avait trompé. Leyden décrit les effets dus aux émotions violentes, depuis la simple pâleur du visage accompagnée d'un peu de tremblement des mains jusqu'aux troubles graves qui peuvent quelquefois déterminer subitement la mort.

« Parmi les émotions morales les plus vives, celles qui sont produites par la peur tiennent certainement la première place. Aussi n'est-il pas rare d'entendre dire aux hystériques que leur maladie leur est venue de la suite d'une peur. Peur de n'importe quelle nature ; peur du soldat dans la bataille, peur de l'enfant qui prend pendant la nuit les objets qui l'entourent pour des spectres ou des revenants ou qui redoute l'issue d'un examen, peur de l'individu qui rencontre sur son chemin un épileptique en proie à un accès. Et si la peur, comme toutes les émotions, est susceptible de déterminer l'apparition des phénomènes hystériques, elle est aussi capable de les faire subitement disparaître. » G. de la T.

Le spectacle d'une attaque de nerfs, d'une crise d'épilepsie ou d'hystérie, est à ce point de vue l'une des causes qui agit le plus puissamment. Bailly raconte qu'un jour de première communion à l'église Saint-Roch, une jeune fille fut prise tout à coup de convulsions hystériques pendant la messe ; dans l'espace d'une demi-heure, cinquante ou soixante femmes eurent des convulsions semblables. (GRASSET). On ne sera pas surpris de ce phénomène quand on connaîtra les effets de l'hystérie.

CHAPITRE II.

Effets de l'Hystérie.

L'hystérie est un affolement du système nerveux qui produit des effets *physiques* et des effets *psychiques*, ou, en d'autres termes, qui affecte les organes du corps et les facultés de l'âme. « De toutes les affections du système nerveux, dit Legrand du Saulle, l'hystérie est certainement celle qui revêt les aspects les plus variés et se traduit par les symptômes les plus complexes. Elle n'est pas toujours identique à elle-même. Elle peut prendre le masque des maladies les plus diverses ; d'après Sydenham, elle imite presque toutes les maladies qui arrivent au genre humain. » « Aussi, ajoute Grasset, la description des symptômes de l'hystérie présente des difficultés énormes. Chaque cas, en effet, a son allure spéciale. Comme beaucoup d'autres affections d'ailleurs, elle a ses formes bénignes ou graves ; elle revêt des types différents suivant les cas. Néanmoins, qu'il s'agisse des vapeurs ou des spasmes, de l'hystérie la plus légère ou de la grande hystérie, la maladie a des lois dont elle ne s'écarte guère. » L'état psychique spécial et les désordres intellectuels qui tiennent

une place si large et si importante dans la névrose,
ne sont jamais seuls ; ils s'accompagnent toujours
de troubles dans l'organisme plus ou moins accusés. Habituellement la gravité de ces troubles cor-
respond à la gravité des désordres de l'intelligence.
Il est rare de voir l'hystérie bénigne, celle qui ne
se traduit que par quelques spasmes, des douleurs
vagues, par exemple, s'accompagner de désordres
intellectuels sérieux. Toutefois il ne faut pas
croire qu'il y ait toujours une proportion constante
entre les troubles organiques et les troubles psychiques. Il peut se faire que les phénomènes
organiques soient peu prononcés, alors qu'apparaissent des désordres psychiques intenses. Pour
bien comprendre les effets de l'hystérie, il est
donc indispensable de la considérer au point de
vue physique et au point de vue psychique ; mais,
pour ne pas entrer dans des détails qui nous en-
traîneraient trop loin, nous considérerons l'hystérique dans trois états ou à trois degrés différents :
1° dans l'état normal et habituel ; 2° dans l'état
de crise légère ; 3° dans l'état de crise grave,
avec convulsions. Mais il ne faut pas oublier que
la maladie peut passer d'un état à l'autre avec la
plus grande facilité ; que la transition entre ces
divers degrés est vraiment insensible, et qu'il
est impossible d'établir entre eux une ligne de
démarcation bien tranchée. C'est plutôt par la
durée que par l'intensité des accidents qu'on peut
les distinguer. (GRASSET). C'est en effet un des

caractères les plus saillants de l'hystérie, de se modifier sous mille influences, de s'aggraver ou de s'atténuer suivant les circonstances. (LEGRAND DU SAULLE).

I

L'HYSTÉRIQUE DANS SON ÉTAT NORMAL,
OU ÉTAT DE CALME.

Au premier degré, les troubles physiques ou organiques sont peu prononcés et n'apparaissent guère au dehors. Toutefois l'hystérique, dans ses moments de calme et dans son état normal, est sujette à divers accidents. Quand l'hystérie se développe chez un sujet jeune, l'enfant devient impressionnable, irritable ; à la moindre émotion, il étouffe, suffoque, sanglotte ; il a des palpitations, de l'agitation, des tremblements. Plus tard, surviennent les migraines, les maux de tête, l'appétit devient capricieux et la digestion pénible ; les douleurs s'accentuent à la partie supérieure de l'abdomen ou entre les épaules (GRASSET). Il y a assez souvent des crampes, des fourmillements aux extrémités, des sensations de froid.

Mais ici, ce sont les troubles psychiques qui tiennent la place la plus importante. Pour s'en former une juste idée, il est bon de se rappeler quelques notions générales sur la nature de l'homme. Au point de vue psychologique, on distingue trois facultés principales de l'âme : *la sensibilité, l'intelligence* et *la volonté.*

La Sensibilité est la faculté de sentir, c'est-à-dire, la faculté d'éprouver du plaisir et de la douleur. C'est la faculté qui, dans chaque individu, entre la première en exercice et qui survit à toutes les autres. L'enfant qui n'a encore ni intelligence ni volonté, est déjà sensible à la douleur, comme il le fait voir par ses cris et par ses pleurs. Et quand arrivé au terme de la vie, épuisé par l'âge et par la maladie, il n'aura plus qu'une ombre d'intelligence et de volonté, il sera encore sensible au bien-être et surtout à la souffrance.

On divise généralement la sensibilité, d'après la nature des faits qui agissent sur elle, en trois espèces : la *sensibilité physique*, la *sensibilité intellectuelle*, et la *sensibilité morale.*

1° La sensibilité physique comprend, avec les impressions sensibles de nos sens extérieurs, l'ouïe, la vue, le tact, l'odorat et le goût, les plaisirs et les douleurs physiques qui en découlent et qui sont causés par la satisfaction ou la contrariété des appétits ou des besoins de notre nature physique, tels que la faim, la soif, le sommeil, etc.

2° La sensibilité intellectuelle comprend les joies intellectuelles ; les joies et les tristesses qui ont leur source dans la connaissance ou l'ignorance de la vérité, dans la vue du beau et du laid.

3° La sensibilité morale qui comprend les sentiments qui ont leur source dans la connaissance du bien et du mal, dans nos actions bonnes ou mauvaises, dans le charme que produit le sentiment du devoir accompli ou dans les remords que produit le souvenir d'une faute commise.

A la sensibilité se rapportent nos appétits, nos inclinations, nos passions.

L'INTELLIGENCE, le plus noble apanage de l'homme, est la faculté de connaître ce qui existe au dehors ou au dedans de lui. Par les sens, nous connaissons le monde extérieur ; par la conscience, nous connaissons les phénomènes psychologiques ; l'âme se connaît elle-même dans ses pensées, ses modifications, ses actes, et alors on appelle quelquefois la conscience *sens intime* ; enfin c'est par la raison que nous atteignons les notions universelles, les vérités générales, l'absolu.

A l'intelligence se rattachent : la *mémoire* qui conserve les connaissances acquises ; l'*imagination*, qui représente sous une forme sensible les objets qui n'affectent pas actuellement les sens ; l'*attention* qui est une application de l'esprit à un objet pour le mieux connaître ; le *raisonnement*, le *jugement*, etc.

LA VOLONTÉ est la puissance de l'âme par laquelle elle se détermine d'elle-même à rechercher ce qui lui convient et à agir d'une certaine manière, à faire une action ou à ne pas la faire ; ou, en d'autres termes, c'est la faculté de se diriger avec réflexion vers un but (BERTHAUD).

Quoique complètement distinctes, la sensibilité, l'intelligence et la volonté ne sont pas séparées ou isolées ; elles ne constituent pas dans l'âme trois parties différentes, car l'âme n'est pas composée de parties. « Toutes les facultés ne sont au fond que la même âme qui reçoit divers noms à cause de ses diverses opérations. » (BOSSUET). L'âme humaine est toujours simple, toujours *une*. C'est la même âme qui est sensible, intelligente et libre. C'est toujours le même *moi* qui sent, qui pense, qui veut. Ces facultés se combinent, se pénètrent et s'entremêlent sans se confondre, et cela dans le même instant et dans le même fait. (BÉNARD). « Elles se tiennent toutes, dit Malebranche, et souvent sont tellement subordonnées qu'il est impossible d'en bien expliquer quelqu'une, sans dire quelque chose des autres. » (BERTHAUD).

Pour maintenir l'ordre et l'harmonie entre ces facultés, la volonté devrait se laisser diriger par l'intelligence et maintenir les appétits sensitifs dans de justes bornes. Malheureusement il n'en est pas toujours ainsi. Autant, en certaines circonstances, l'intelligence est vive, claire et ferme, autant la volonté est faible, incertaine et chancelante. Cette opposition entre les lumières de l'intelligence et les décisions de la volonté n'avait pas échappé aux payens et Ovide mettait dans la bouche de Médée, la magicienne, ce vers si souvent cité :

> . . . . . *Video meliora proboque*
> *Deteriora sequor.*

« Je vois le bien, je l'approuve, et je fais le mal. » — « Je ne fais pas le bien que je veux, s'écriait saint Paul, et je fais le mal que je ne veux pas et que je condamne. Je me plais dans la loi de Dieu, selon l'homme intérieur, mais je sens dans les membres de mon corps, une autre loi qui combat contre la loi de mon esprit... Malheureux homme que je suis ! qui me délivrera de ce corps de mort ? »

Mais s'il en est ainsi dans l'homme sain de corps et d'esprit, que sera-ce dans celui dont toute l'économie est bouleversée par la maladie ? Or l'hystérie porte le trouble dans les facultés de l'âme, en dominant et en exagérant la sensibilité. La sensibilité, c'est-à-dire le goût des satisfactions sensibles, sollicite la volonté de se prêter à ses désirs et la volonté, séduite par l'appât des plaisirs, influe à son tour sur l'intelligence. Toutefois si l'intelligence prête son concours aux actes commandés par la volonté, elle n'est cependant pas aveuglée et, la plupart du temps, elle continue à voir les choses telles qu'elles sont. « Les facultés intellectuelles sont ordinairement intactes chez l'hystérique, surtout au premier degré... Le niveau en

est plus ou moins élevé, mais, au demeurant, la
compréhension, le discernement sont là ce qu'ils
sont chez les femmes bien portantes. Il n'est pas
rare de voir, pendant certaines crises, la mémoire
devenir plus vive, la parole plus facile, l'élocution plus brillante, l'intelligence plus pénétrante.
Elle est capable de s'élever aux sommets de l'art
et de la poésie. Mais ces facultés sont mal équilibrées, elles manquent de frein, le jugement fait
défaut.

Ce sont les modifications des facultés affectives
qui occupent ici la principale place et dont le
trouble se fait le plus vite apercevoir. Le caractère
surtout est plus ou moins altéré. Qui ne sait combien les hystériques sont changeantes dans leurs
sentiments ; tantôt en proie à une mélancolie qui
leur fait verser des larmes amères et les fait éclater en reproches et en lamentations, tantôt prises
d'accès de folle gaieté, le tout sans aucun motif
qui puisse légitimer ces saillies aux yeux de la
raison.

Voici le portrait d'une hystérique, d'après Legrand du Saulle : « C'est, dit-il, avant tout et
par dessus tout une excentrique. Or, la femme
excentrique vit à l'étroit dans le monde des réalités correctes. Extrême en tout, exagérant tout
sans motif, elle recherche volontiers les para-
doxes, les doctrines malsaines et les théories ris-
quées. Elle perçoit rapidement, a une certaine
imagination, s'exprime avec facilité et ne manque

pas, au besoin, de dispositions littéraires, poéti-
ques ou artistiques. Presque toujours elle se
plaint d'être méconnue dans son milieu social, de
passer pour une originale, de n'être pas exactement appréciée. Mais ses dehors, plus ou moins
brillants, sont sans valeur aucune ; son activité
est mal coordonnée ; son attention peut difficile-
ment être fixée sur un objet sérieux ; son travail
n'est ni régulier, ni soutenu ; ses connaissances
sont purement superficielles et ses entreprises,
modifiées aussitôt que commencées, ne peuvent
jamais aboutir ; ses lettres sont verbeuses et dif-
fuses ; elles renferment, la plupart du temps, des
phrases sonores et des épithètes retentissantes ;
les digressions y abondent, ainsi que les mots
soulignés ou écrits en gros caractères. »

Chaque excentrique a une dominante : celle-ci
est orgueilleuse, celle-là jalouse ; cette autre hy-
pochondriaque, mystique, fourbe ou essentiellement malhonnête et capable de bien des choses. »

L'hystérique est en général égoïste, fort préoc-
cupée d'elle-même, désireuse d'attirer sur elle et
sur ses faits et gestes l'attention de ceux qui l'entourent. Elle est d'une remarquable versatilité
dans ses idées et ses sentiments, passant, d'un
jour à l'autre, d'une heure ou d'une minute à
l'autre, avec une incroyable rapidité, de la plus
sombre tristesse à la joie la plus exubérante :
« Elle se comporte, dit le docteur Ch. Richet,
comme ces enfants que l'on fait rire aux éclats,

alors qu'ils ont encore sur les joues les larmes qu'ils viennent de répandre. » Aussi Sydenham a pu dire avec justesse que ce qu'il y a de plus constant chez les hystériques, c'est leur inconstance. Incapables d'une attention longtemps soutenue, elles manquent de suite dans les idées. Leur volonté est indécise, capricieuse et fantasque. » « Hier, dit Huchard, elles étaient enjouées, aimables, gracieuses ; aujourd'hui elles sont de mauvaise humeur, irascibles et susceptibles, se fâchant de tout et de rien, indociles par système, taquines de parti pris, maussades par caprices ; mécontentes de leur sort, rien ne les intéresse, elles s'ennuient de tout. Elles éprouvent une antipathie très grande contre une personne qu'hier elles aimaient et estimaient, ou, au contraire, témoignent une sympathie incompréhensible à telle autre. Aussi poursuivent-elles de leur haine certaines personnes avec autant d'acharnement qu'elles avaient autrefois de persistance à les entourer d'affection. »

« Le caractère des hystériques, dit Briquet, présente quelque chose de spécial. Les six septièmes des femmes hystériques que j'ai observées, étaient d'un caractère vif, elles étaient vives dans leurs mouvements ; un septième seulement se composait de personnes d'un aspect calme, ayant de la tenue dans les allures.

« On peut distinguer en trois classes la manière de sentir des femmes hystériques. La plus grande

partie d'entre elles sont douées d'une extrême
susceptibilité, s'offensant de tout, se piquant pour
des riens, tout leur portant ombrage ; le reste se
compose, à peu près en parties égales, de femmes
emportées, violentes, intraitables, et de sujets
doux, sensibles, de véritables souffre-douleurs.
Tels sont les traits moraux que présentent les
hystériques ; ils ne sont pas nombreux, mais ils
sont constants : ils portent sur les qualités affectives et nullement sur les intellectuelles. »

Sans pouvoir en expliquer la cause, elles sont
par moments d'une irritabilité extrême ; tout les
agace, tout les ennuie, tout leur déplaît, tout les
impressionne ; elles éprouvent un continuel besoin de quereller, de chicaner, qui rend souvent
la vie difficile à ceux qui vivent dans leur société
habituelle ; elles sont à charge à elles-mêmes et
aux autres ; ce qui parfois fait dire à leurs femmes
de chambre : « Madame n'est pas commode aujourd'hui, elle a ses nerfs. »

Au demeurant, ces troubles tirent rarement à
conséquence. Il s'agit de ce qu'on est convenu
d'appeler une femme nerveuse, un esprit mal
équilibré. Désagréables surtout à ceux qui les entourent, ces malades, car ce sont bien déjà des
malades, connaissent parfaitement la portée de
leurs actes ; elles doivent donc porter la responsabilité pleine et entière de leurs faits et gestes,
des actes délictueux qu'elles sont exposées à commettre, parce que chez elles il n'existe qu'un état

de nervosisme modérément prononcé qui n'en-trave en rien l'exercice de la liberté morale. Leur intelligence complètement intacte peut apprécier avec justesse la portée, la gravité, les consé-quences de l'acte commis. D'autre part, les facul-tés affectives ne sont pas ici tellement troublées, qu'il existe de ces impulsions irrésistibles qui, en provoquant des actes automatiques, comme aux degrés les plus prononcés de la névrose, atténuent ou même suppriment la culpabilité. La distinction n'est pas toujours facile et les simulations sont fréquentes. »

Emilie V... est âgée de vingt-quatre ans et ha-bite chez ses parents. Atteinte d'hystérie, facile-ment impressionnable et irritable, elle s'excite et s'exalte à la moindre contrariété, est prise d'étouf-fements, de constrictions à la gorge, de pleurs im-modérés et d'attaques convulsives. En toute chose, elle manque de sangfroid et de pondération, elle s'enthousiasme ou se désole. Elle a un sommeil souvent troublé, est sujette à des frayeurs, rêve, parle haut ou crie. Tout cet ensemble de phéno-mènes nerveux est compatible avec la raison, la liberté morale et la responsabilité. Emilie V... est atteinte d'une affection hystérique de faible in-tensité ; elle est intelligente, elle n'est point alié-née : elle est donc responsable de ses actes. (LEGRAND DU SAULLE.)

Cet état habituel de surexcitation et ce carac-tère difficile et fantasque des hystériques au premicr degré et dans leur état normal, proviennent le plus souvent d'une mauvaise éducation. Ou on les a traitées avec trop de sévérité et on a aigri leur caractère, en les maltraitant et en les frappant ; ou, ce qui est beaucoup plus fréquent, on s'est montré trop indulgent pour leurs défauts, on a cédé à tous leurs caprices, elles se sont accoutumées à suivre sans réflexion la première impulsion venue, et plus tard, elles ne peuvent plus supporter, sans s'irriter, la moindre contradiction. Nous verrons comment on peut réparer, jusqu'à un certain point, cette éducation déplorable. Disons dès maintenant avec le docteur Tardieu : « On ne saurait trop le répéter, c'est dans la mauvaise direction des goûts et des sentiments de leur enfance et de leur jeunesse, que les femmes puisent cette funeste exaltation nerveuse qui dégénère si facilement en une véritable perversion morbide de la sensibilité et en une affection hystérique. »

II

L'HYSTÉRIQUE EN ÉTAT DE CRISES LÉGÈRES OU SANS CONVULSIONS.

Au deuxième degré, tous les symptômes que nous venons de décrire s'accentuent d'une manière sensible : les troubles physiques ou psychiques sont de plus en plus marqués et on peut dire qu'ils varient jusqu'à l'infini ; depuis la simple agi-

tation jusqu'à la perte du sentiment et à l'éva-
nouissement. A la suite d'une indisposition quelconque, d'une contrariété, d'une inquiétude,
d'un changement de température, parfois par
un temps d'orage, le plus souvent sans cause
appréciable, l'hystérique éprouve un besoin de
s'étendre, de s'étirer, de marcher, de changer
de position ; elle ressent tantôt une chaleur brûlante ou un froid glacial aux mains, tantôt des
frissons vagues, des battements de cœur et des
spasmes. Elle a parfois des absences momentanées
pendant lesquelles elle laisse tomber l'ouvrage ou
l'objet qu'elle a à la main et perd de vue, pour un
court instant, ce qui se passe autour d'elle. Enfin,
mais assez rarement et toujours sur le coup d'une
émotion morale, elle éprouve subitement de la
constriction à la gorge, quelques vertiges et un
peu de rougeur à la face : après quoi, elle tombe
sans connaissance, pâle, inanimée et sans mouvement ; les membres restent flasques et le pouls
très faible. Après quelques minutes, la connaissance revient, sans troubles particuliers et sans
convulsions.

« Un des phénomènes les plus saisissants de
l'hystérie, dit Grasset, est certainement la perversion de la sensibilité, ou l'*analgésie*, comme disent les médecins. L'immense majorité des hystériques ont tous un côté du corps insensible. Généralement c'est le côté gauche qui est sujet à cette
insensibilité, rarement le droit. « On peut, sans

provoquer la plus légère souffrance, enfoncer des aiguilles dans les chairs, au front, aux bras, aux mains. Ces derniers organes peuvent même être transpercés de part en part, sans que l'hystérique s'en ressente le moins du monde. Une des femmes de la Salpêtrière s'est coupé le bout du sein par pure fantaisie, et sans éprouver la moindre douleur. Ce phénomène est d'autant plus remarquable, qu'il appartient à l'état normal de l'hystérique où la malade est complétement maîtresse d'elle-même. Ainsi donc une femme qui marche, agit, parle, se nourrit comme tout autre, peut cependant être contusionnée, blessée, sans rien éprouver qu'une sensation de résistance et de pression. Car elle a ce privilège que le tact subsiste sans la sensibilité à la douleur. La même main qui a le toucher assez délicat pour manier des aiguilles, peut être brûlée, sans qu'aucune sensation désagréable se reflète sur le visage de l'hystérique. » (P. HAHN).

« Dans tous les cas d'hystérie, dit Gendre, depuis le début de la maladie jusqu'à la terminaison, il existe un état d'insensiblité générale ou particlle. Au plus léger degré, l'insensibilité n'occupe que certaines régions de la peau ; au plus haut degré, elle occupe toute la surface tegumentaire et celles des membranes muqueuses accessibles à nos moyens d'investigation. »

C'est ce qu'affirme aussi le Docteur Grasset. « A un degré plus avancé, dit-il, non seulement la peau, mais les muqueuses et même les muscles sont frappés. Les membres sont insensibles dans toute leur épaisseur. » Bien mieux, la circulation du sang se fait si mal, dans ces points absolument insensibles, que lorsqu'on les blesse, il n'en sort pas une goutte de sang. Et ce qu'il y a de plus singulier, c'est que très souvent, la malade ne se doute pas elle-même de cet état d'insensibilité.

Briquet raconte l'histoire d'une hystérique qui avait perdu l'ouïe et la vue du côté gauche ; elle n'avait plus ni odorat, ni goût ; elle ne distinguait pas la saveur des aliments qu'elle prenait. Son insensibilité était si profonde qu'en lui bandant les yeux, on pouvait l'enlever de son lit, la déposer presque nue sur le carreau, puis la replacer sur son lit, sans qu'elle eût la moindre idée de ce qui s'était passé. Elle comparait la sensation qu'elle éprouvait ordinairement, à ce que devait éprouver une personne suspendue en l'air par un ballon. (Legrand du Saulle).

Quelquefois le corps entier est insensible. Le Docteur Reguard a vu une jeune fille de dix-neuf ans qui dans un moment de chagrin avait réussi à se jeter d'un quatrième étage, elle se cassa les deux cuisses. Pendant qu'on la transportait à l'infirmerie, elle riait sur le brancard et s'amusait elle-même à déplacer les fragments osseux brisés. (Moreau).

Il y en a qui ne sont insensibles qu'au froid et à la chaleur. Ces malades perçoivent les contacts ;

ils souffrent quand on les pince ou quand on les pique, mais on peut les brûler profondément sans qu'ils en aient conscience ; ils ne sentent pas les excitations thermiques. Voici un jeune homme hystérique ; on peut plonger son pied gauche dans de l'eau glacée ou dans de l'eau très chaude sans qu'il en soit impressionné.

« Quoique l'insensibilité soit un symptôme très fréquent de l'hystérie, dit le Docteur Pitret, ce n'est pas un symptôme constant. Elle existe dans la plupart des cas (95 sur 100), mais non dans tous. Elle peut faire complètement défaut chez quelques malades, atteints d'accidents hystériques non douteux. »

Toute perturbation vive de l'économie peut être la cause occasionnelle de l'apparition de l'insensibilité. Une jeune fille devint tout à coup insensible d'une partie du corps en apprenant la mort de sa mère. En revanche, nous savons que l'insensibilité n'est pas un symptôme fixe et immuable. L'insensibilité suit quelquefois d'une manière très régulière les diverses phases de la maladie ; elle s'étend, quand les autres accidents s'aggravent ; elle s'atténue et disparaît, quand ils s'apaisent.

« Alix S... est entrée pour la première fois à l'hôpital en 1881, à la suite d'une tentative de suicide. Elle n'avait alors qu'une plaque d'insensibilité sur la joue gauche, plaque qui avait complètement disparu, quand elle sortit du service. Pen-

dant les années 1883 et 1884, son existence fut
traversée par des épreuves cruelles. Elle eut des
chagrins et des soucis de toutes sortes. Les attaques convulsives devinrent très fréquentes et la
plaque d'insensibilité de la joue s'étendit à tout le
côté gauche du corps. En 1885, son sort s'amélio-
ra, les accidents hystériques s'atténuèrent, l'insensibilité disparut même tout à fait. Il y a quelques
mois, à la suite de nouveaux chagrins, Alix S...
a eu quelques attaques convulsives violentes, et,
en explorant la sensibilité cutanée, nous avons
constaté un large état d'insensibilité occupant tout
le membre supérieur gauche. Enfin, ces jours-ci,
(1891) elle est venue un matin nous consulter pour
un léger mal de gorge ; nous avons examiné la
sensibilité et nous n'avons plus trouvé place d'insensibilité. » (PITRES).

« Cette insensibilité, dit Briquet, peut ne durer
que quelques mois et se dissiper, soit d'elle-même,
soit sous l'influence d'un traitement général. D'autres fois, elle peut durer des années sans aucune
modification, et ce qu'il y a de plus curieux, c'est
que même dans ce cas on peut souvent la faire
cesser presque instantanément sous l'influence de
stimulants spéciaux appliqués à la peau. Enfin
de quelque manière que les choses se passent, il
est extrêmement rare que cette insensibilité ne
finisse pas par se dissiper, car on en trouve rarement
des traces chez les femmes âgées autrefois prises
d'hystérie.

Le phénomène de l'insensibilité générale ou partielle, quoique très fréquent chez les hystériques, a donné lieu dans les temps anciens aux plus déplorables erreurs. Jusqu'à la fin du siècle dernier, on a confondu la grande hystérie ou l'hystérie épileptiforme avec l'épilepsie. Or on avait jadis sur l'épilepsie les idées les plus singulières et les plus erronées. Les anciens la regardaient comme un mal extraordinaire et qui n'avait rien de naturel, comme une marque de la colère du ciel. Aussi l'appelait-on : haut mal, mal caduc, mal sacré, mal divin, mal de Saint-Jean. « L'esprit humain est ainsi fait, dit Pitres, que l'inconnu le trouble et l'irrite. Il veut connaître le pourquoi et le comment des phénomènes qu'il constate. L'incertitude prolongée l'impatiente et s'il ne parvient pas assez tôt à découvrir des lois qui le fixent, il abandonne les voies scientifiques et tombe dans les interprétations mystiques ou dans le scepticisme systématique. C'est ce qui est arrivé autrefois.

« Comme on ne comprenait pas ces symptômes étranges, apparaissant brusquement, jetant les perturbations les plus profondes dans les fonctions motrices, sensitives ou psychiques, et guérissant tout à coup sans laisser de traces, on s'imagina alors que l'intervention directe du diable pourrait bien en être la cause, et pendant tout le moyen-âge, l'hystérie fut considérée comme une maladie d'origine surnaturelle et l'insensibilité comme la marque infaillible de la possession diabolique. A cette époque et sous l'influence de ces doctrines, l'hystérie conduisait tout droit au bûcher.

« Autrefois, lorsqu'une personne était accusée du crime de sorcellerie, les magistrats, chargés de l'instruction, commençaient par accumuler les preuves morales de la possession démoniaque ; ils interrogeaient le préveuu sur sa famille, sur son passé. Ils s'efforçaient par tous les moyens possibles de lui faire avouer les rapports avec Satan. Enfin, avant de prononcer leur sentence, ils procédaient à la recherche de la *marque des sorciers*. On désignait alors sous le nom de la *marque des sorciers* ou de *Stigmata diaboli*, des parties du corps au niveau desquelles la sensibilité était abolie ou tellement émoussée qu'on y pouvait enfoncer des épingles, sans que le sujet en ressentît aucune douleur.

« Dans l'intervalle des attaques, Albertine M... jouit en apparence d'une bonne santé. Elle présente cependant quelques troubles permanents qui suffiraient à démontrer, en dehors de toute autre manifestation, que c'est une hystérique, elle est à demi sensible et à demi paralysée du côté gauche. L'insensibilité porte à la fois sur la sensibilité générale et sur les sens spéciaux : la paralysie est surtout marquée au membre supérieur gauche dont la force est moitié moins grande que celle du membre supérieur droit.

« On trouve sur Albertine toutes les formes des zônes hystérogênes. Sous les seins, elle présente

deux zônes spasmogènes dont la pression détermine l'attaque convulsive. Au niveau des creux
du jarret et des plis du coude, aussi bien à droite
qu'à gauche, existent des zônes hypnogènes
dont la pression provoque le sommeil hypnotique.
Enfin l'ovaire gauche joue le rôle de *zône fréna-
trice* : sa pression arrête l'attaque convulsive au
milieu même de son évolution et elle dissipe le
sommeil hypnotique provoqué, à quelque phase
qu'il se trouve. Tels sont les phénomènes permanents qui s'observent chez Albertine. Leur ensemble est plus que suffisant pour constater le
sigillum hysteriæ, qu'on aurait probablement in-
terpreté autrefois comme le *sigillum diaboli* et
dont la simple constatation aurait pu faire passer
Albertine en jugement et la faire condamner au
bûcher pour le crime de sorcellerie et de commerce illicite avec le diable. » (PITRES.)

   « Les démologistes et les magistrats attachaient
une grande importance à la constatation de ces régions insensibles. « Je crois, dit Pierre de Lancre,
conseiller au Parlement de Bordeaux, que la marque « que Satan imprime à ses suppôts est de
grande considération pour le jugement du crime
de sorcellerie. » Les médecins partageaient sur ce
point les erreurs et les superstitions de l'époque :
ils s'employaient même de leur mieux à la propa-
ger. Dans une brochure publiée au commencement du xviie siècle, Jacques Fontaine, conseiller
et médecin ordinaire du Roi et premier professeur

en son Université de Bourbon, en la ville d'Aix, cherche à démontrer que « le maling esprit marque tous les sorciers et que nul n'est marqué des marques qu'on trouve ordinairement, sans consentement. Les marques, dit-il, sont les preuves les plus assurées de sorcellerie, comme immuables et qui ne sont subjectes au soupçon de fausseté. » En homme habitué aux difficultés du diagnostic, il ajoute : « la paralysie et la ladrerie rendent les parties du corps insensibles, mais si l'on vient à piquer ces parties, il s'en écoule du sang, tandis que quand on pique les marques, elles ne rendent aucune humeur. »

    « Depuis que la critique historique et les progrès de la science sont parvenus à démontrer que la plupart des prétendues sorcières du Moyen-Age n'étaient que de vulgaires hystériques, on comprend très bien comment l'insensibilité cutanée était si fréquente chez les personnes accusées du crime de sorcellerie. Mais ce qui doit rester pour nous un sujet d'étonnement et d'humiliation, c'est que pendant plusieurs siècles, les médecins aient ignoré l'existence ou méconnu la valeur, au point de vue médical, d'un symptôme banal, vulgaire, facile à observer et que par le fait de leur ignorance, ils soient devenus les propagateurs de superstitions absurdes et les complices de cruautés abominables. »

Nous aurions bien quelques observations à faire sur ce passage du docteur Pitres ; nous nous con-

tenterons d'une simple remarque ; c'est que de
son propre aveu, ce n'est pas l'Eglise qu'il faut
accuser de ces cruautés, comme on ne le fait que
trop souvent, mais les magistrats civils qui cependant ne condamnaient les accusés qu'après de longues et minutieuses informations et sur les témoignages et les affirmations réitérées des médecins
les plus célèbres et réputés les plus savants de
leur temps.

Côte à côte avec l'insensibilité, se voit parfois
une sensibilité plus ou moins intense, depuis une
simple impression douloureuse à certains moments, notamment en temps d'orage, jusqu'à
l'intolérance de toute pression du doigt. Si dans le
premier cas aucune excitation, si violente qu'elle
soit, ne peut faire souffrir l'hystérique, dans le
second, toute excitation, si légère soit-elle, donne
lieu à des souffrances plus ou moins vives. « Il est
peu d'hystériques qui ne signalent parmi les
symptômes les plus pénibles de leur maladie, des
douleurs sourdes ou lancinantes, superficielles ou
profondes, siégeant sur les différentes parties du
corps, sur la tête, la colonne vertébrale, les membres, l'abdomen, les entrailles. Les souffrances
déterminées par cet extrême sensibilité, sont très
variables. Tantôt ce sont des sensations pénibles
et sourdes de constriction profonde, de courbature,
de brisement, tantôt des douleurs lancinantes ou
térébrantes d'une violence excessive. » (Pitres). —
« D'autres fois, la patiente éprouve par tout le corps

la sensation de brûlure, ou de piqûre, et sa situation peut être des plus pénibles. On voit de ces malheureuses qui ne peuvent se servir de leurs mains, ni marcher, ni s'asseoir, ni se coucher, sans éprouver d'horribles souffrances. Parfois les sens se mettent de la partie ; l'œil ne peut supporter la lumière ; le moindre son excite péniblement l'ouie ; les odeurs impressionnent désagréablement l'odorat. » (LEGRAND DU SAULLE). Il y a donc des malades qui ne peuvent toucher certains métaux sans éprouver une commotion violente et une très vive souffrance. Quelquefois cette sensibilité excessive est circonscrite à certains points ; tandis que l'insensibilité se trouve sur d'autres points, ou bien les deux phénomènes alternent dans la même région.

« En général ces douleurs sont modérées quand les organes sont en repos, et même elles s'apaisent complètement pendant la nuit... Elles sont souvent très instables. D'un instant à l'autre elles peuvent se déplacer ou se dissiper, sans cause connue ou sous l'influence des causes les plus banales. Mais dans d'autres cas, elles ont une désespérante fixité et restent immuables pendant des semaines, des mois ou des années, quels que soient les traitements dirigés contre elles. » (PITRES).

Dans ces circonstances, les sens peuvent acquérir une finesse extraordinaire. Certains malades peuvent lire ayant les paupières abaissées, d'autres distinguent à une grande distance des sons et des

bruits qu'à l'état normal on serait incapable de
percevoir. Braid a constaté que, dans une personne
hypnotisée, la puissance auditive était à-peu-près
douze fois ce qu'elle est à l'état normal : au lieu
de n'entendre le tic-tac d'une montre qu'à une
distance de moins de trois pieds, elle l'entendait
même à une distance de trente-cinq pieds. L'odorat
s'exalte aussi tellement que, dans un cas, Braid
s'est assuré que l'odeur d'une rose était sentie à
une distance de quarante-six pieds.

Les impressions du toucher sont parfois exagérées d'une manière extraordinaire et pourtant, de
cette extrême irritabilité des sens, le patient peut
tomber tout d'un coup dans un état de rigidité
musculaire, avec une torpeur si grande qu'il n'entend plus le bruit le plus intense, qu'il ne sent
plus les odeurs les plus vives, ni le froid, ni la
chaleur.

Cette extrême sensibilité des organes peut rendre
très douloureux l'exercice des sens. « Il n'est pas
de praticien, dit Abadie, qui n'ait eu à soigner des
femmes se plaignant de ne pouvoir fixer un objet,
pendant quelques instants, sans éprouver de violents maux de tête qui s'exaspèrent à la moindre
lecture. D'autrefois, on constate une diminution
de la vue qui fait disparaître certaines couleurs,
ou ne laisse plus voir les objets que sous une
forme noirâtre. L'hystérique peut même être
frappée de cette espèce de cécité qu'on appelle
Amaurose qui ne provient point d'une lésion orga-

nique, mais du défaut de fonctionnement de l'appareil nerveux, survenant subitement et disparaissant de même.

La plupart des auteurs signalent aussi les douleurs dans les jointures qui, d'après eux, seraient très fréquentes, surtout au genou. « Je n'hésite pas à déclarer, dit Brodie, que dans les classes élevées de la société, quatre cinquièmes des femmes qui se plaignent d'affections articulaires sont des hystériques. » Cette opinion est également soutenue par Paget.

Les différents mouvements du corps et des membres peuvent être altérés des façons les plus diverses. Quelquefois l'organisme est agité par une trépidation continue ; dans d'autres occasions, une paralysie opiniâtre soustrait les membres à l'action libre de la volonté. Un jour, une femme se réveille paralysée de tout un côté du corps, quelquefois d'un membre seulement, quelquefois des deux jambes. Tout mouvement lui est impossible. Les muscles sont flasques, la malade ne souffre pas. Un autre jour, subitement encore, elle s'aperçoit que tout est fini ; la guérison est complète. La maladie aura duré de quelques heures à des années. (MOREAU).

Si des troubles *organiques* on passe aux troubles *psychiques*, on reconnaît de suite que ces derniers ne sont ni moins nombreux, ni moins variés. Ils peuvent être plus ou moins intenses, plus ou moins durables, et arriver jusqu'à une vraie folie, passant par tous les degrés. depuis les simples manies, les vains caprices et les fantaisies bizarres, jusqu'aux plus extrêmes désordres et au déchaînement des passions les plus violentes.

« Il faut, dit le docteur Charcot, prendre l'hystérie pour ce qu'elle est, c'est-à-dire pour une maladie *psychique* par excellence. » Dans ces conditions, on comprend qu'il doive forcément exister un état mental hystérique, faisant partie, à l'instar des symptômes permanents, du fond commun de la névrose. (GILLES DE LA TOURETTE).

Or un des premiers besoins de l'hystérique, même dans son état normal, dans l'état de calme, c'est de se faire remarquer, d'attirer l'attention, de poser, d'inspirer de l'étonnement ou de la pitié. De là une tendance extrême à la simulation et aux exagérations les plus extraordinaires et, dans les moments de crises, ces fâcheuses dispositions se montrent encore bien davantage. (GRASSET).

« Parmi les traits du caractère hystérique, dit à son tour le Docteur Legrand du Saulle, celui qui donne naissance à des actes insolites de la part de ces malades est leur invincible besoin d'attirer l'attention et de faire parler d'elles. Elles y réussissent le plus souvent par des mensonges et des supercheries variées ; elles simulent des maladies, des blessures reçues, des tentatives de violence exercées sur elles par des inconnus ; elles iront jusqu'à se faire des mutilations réelles. Parfois, elles s'efforceront, à l'aide de simulations, de tirer vengeance de personnes qu'elles auront prises en haine et elles accuseront formellement quelqu'un. Le plus souvent, leurs fausses déclarations n'ont rien de précis, ni de personnel, elles n'obéissent dans ces cas qu'à leur perversion maladive. Leur esprit malicieux s'exercera par des mystifications, des supercheries de tout genre. Ces grandes comédiennes, sans le savoir, veulent à tout prix dramatiser la banalité de leur existence, accidenter le terre-à-terre de leur train journalier, et, suivant le milieu social qu'elles occupent, suivant le degré d'imagination et d'instruction qu'elles possèdent, elles déploient une habileté plus ou moins grande à machiner leurs tromperies, à ourdir une trame malicieuse. Telle ouvrière ou telle bourgeoise se contentera modestement de mystifier son entourage, mari, parents, médecin ; telle autre n'aspirera qu'à exciter la commisération de ses voisins, de sa maison, de son quartier ; telle religieuse voudra être le point de mire des préoccupations de la communauté ; telle malade d'hôpital cherchera à concentrer sur elle l'attention du chef de service et des élèves. Il est enfin telle hystérique, à hautes visées, dont l'ambition déréglée ne sera pas satisfaite à moins d'avoir ému l'opinion publique : il lui faudra la réclame passionnée de la presse et le grand jour de la cour d'assises. »

« L'état mental des hystériques femmes en dehors des travaux de l'école de la Salpêtrière, dit le Docteur Gilles de la Tourette, a été aussi étudié particulièrement, depuis longtemps déjà, par Morel, Tardieu, Moreau de Tours, Lasègue et Legrand du Saulle. En 1882, Huchard a apporté dans cette question l'appoint de ses observations personnelles. D'après ces auteurs, la femme hystérique présente un type extraordinairement complexe, d'une nature particulière, versatile à l'excès, remarquable par son esprit de duplicité, de mensonge, de simulation. Nature essentiellement perverse, l'hystérique ne cherche qu'à tromper ceux qui l'entourent, de même qu'elle a des impulsions qui la poussent à voler, à accuser sans cause, à incendier sans raison. » — « Un trait commun les caractérise, disait Tardieu, c'est la simulation instinctive, le besoin invétéré et incessant de mentir sans intérêt, sans objet, uniquement pour mentir, et cela, non seulement en paroles, mais même en actions, par une sorte de mise en scène où l'imagination joue le principal rôle, enfante les péripéties les plus inconcevables et les porte parfois aux extrémités les plus funestes. » — « Les jeunes hystériques, dit à son tour M. Jules Simon, pratiquent volontiers le mensonge et jouent d'instinct la comédie. »

Le Docteur Gilles de la Tourette qui semble prendre plaisir à contredire les opinions de ses confrères, parfois en les exagérant, prétend que « sur ce point, ces docteurs se sont trompés, que toutes les hystériques ne sont pas d'un caractère

bizarre et capricieux, d'effrontées menteuses, et
que des femmes d'une vertu irréprochable sous
tous les rapports et d'une grande intelligence ne
sont pas à l'abri de ces affections. » — C'est là un
fait que personne ne conteste. Toutefois on ne
peut nier que très souvent la plupart des hystériques soutiennent avec opiniâtreté les choses les
plus fausses. Gilles de la Tourette est bien obligé
de le reconnaître. Voici l'explication qu'il en donne
pour justifier son opinion : « Certainement, dit-il,
il y a des simulateurs et ces simulateurs peuvent
être hystériques, mais leurs simulations ne sont
pas, croyons-nous, les effets inévitables de l'hystérie. Le simulateur vrai, le véritable menteur,
est un être raisonnant et actif, qui parle contre sa
pensée, avec l'intention de tromper. L'hystérique
qui simule, n'est pas consciente de la simulation,
elle est la première dupe de son hallucination.
Quand les possédées et les sorcières du Moyen-
Age affirmaient devant les tribunaux qu'elles
avaient été transportées au Sabbat sur un manche
à balai, qu'elles y avaient eu commerce avec le
diable, qu'elles y avaient rencontré telle ou telle
personne ; il est impossible d'admettre qu'elles
imaginaient de toutes pièces, pour le plaisir de se
rendre intéressantes ou de compromettre des
innocents, une déposition qui devait avoir pour
résultat de les faire condamner elles-mêmes au
bûcher. Elles disaient, en toute sincérité, ce
qu'elles croyaient avoir vu ou ressenti dans un

moment d'hallucination sensorielle. L'hystérique est un être passif, une plaque photographique qui enregistre ses impressions et les reproduit telles qu'elle les a reçues, parfois amplifiées cependant, mais toujours avec la bonne foi de l'inconscience. Son cerveau ne se prête pas à des combinaisons de longue durée, il est l'esclave de l'impression du moment. »

Il résulte de ce passage, ce nous semble, que le docteur Gilles de la Tourette n'est pas en si grand désaccord avec ses confrères qu'il le donne à entendre. Il prend le mot *mensonge* dans un sens rigoureux, les autres le prennent dans un sens large et l'appliquent à toute assertion fausse, sans examiner si celui qui l'émet, est ou n'est pas dans la bonne foi. Voilà toute la différence.

Quoi qu'il en soit, il n'en est pas moins vrai, comme le soutiennent les auteurs cités plus haut, que, s'il y a des exceptions assez nombreuses, la plupart des hystériques sont d'un caractère romanesque, fantasque, versatile, dissimulé, difficile et d'un commerce désagréable ; qu'elles se laissent entraîner sans réflexion aux impressions du moment et qu'elles prennent un malin plaisir à tromper et à mystifier leur entourage.

« Les faits de simulation se rencontrent à chaque pas dans l'histoire de l'hystérie, dit le docteur Charcot, et l'on se surprend quelquefois à admirer la sagacité ou la tenacité inouïe que les femmes qui sont sous le coup de la grande né-

vrose, mettent en œuvre pour tromper... surtout
lorsque la victime de l'imposture doit être un médecin. Chomel qui ne voulait plus s'occuper des hystériques, parce qu'il avait été trop souvent trompé
par elles, aimait à rappeler l'histoire suivante :

Une malade entre dans son service présentant des phénomènes nerveux dont la bizarrerie et l'étrangeté l'intéressent vivement : il rédige
soigneusement son observation, prend des notes,
reste près d'elle pendant plus d'une heure, puis,
quand l'interrogatoire lui semble épuisé, il lui demande si elle n'a plus rien à dire : « Oui, Monsieur,
répond-elle, c'est que dans tout ce que je vous ai
conté, il n'y a pas un mot de vrai. »

« Rien ne leur plaît plus, écrit M. Charles Richet, que d'induire en erreur ceux qui les inter-
rogent. Ce sont surtout ceux qui s'intéressent à
elles qu'elles trompent avec le plus de plaisir. » —
« Voici le fait dont j'ai été le témoin, raconte M.
l'abbé Meric, nous étions dans la salle des femmes
hystériques de l'hôpital de Nancy. Le docteur
Bernheim passait de l'une à l'autre et les endor-
mait avec une facilité merveilleuse, d'un simple
geste, d'un seul mot. Je laisse le docteur avancer
de quelques pas et, m'approchant d'une malade
endormie, je pousse vivement mon chapeau devant ses yeux fermés, je produis un violent courant
d'air et je m'éloigne en feignant de ne pas voir.
Elle pousse un léger cri, soupire profondément,
ouvre les yeux, regarde le docteur occupé un peu

plus loin, puis, croyant sans doute que personne ne l'avait vue, elle compose son maintien, ferme les yeux et simule un profond sommeil. En cet état, elle obéit ensuite avec une parfaite exactitude à toutes les suggestions : elle voit tout ce que l'on veut, elle fait tout ce qu'on lui commande, elle a toutes les hallucinations qu'on veut bien lui donner. Je gardais le silence, mais je savais bien qu'elle n'était pas hypnotisée, qu'elle n'était ni endormie, ni somnambule et, qu'elle jouait un rôle aux dépens de la curiosité des assistants. »

L'aventure arrivée au docteur Luys, à la Charité, a fait le tour de la presse médicale. Il avait un sujet remarquable, Mlle Esther, dont il obtenait des effets merveilleux. Mlle Esther avoua un jour qu'elle simulait le sommeil, elle trouvait le métier excellent, chaque séance lui rapportait un louis.

Les hystériques manquent donc absolument de franchise. Elles sont toutes plus ou moins menteuses ; moins peut-être pour faire un mensonge que pour en forger d'inutiles, car elles ont l'amour de la tromperie. Rien ne leur plaît plus que d'induire en erreur ceux qui les interpellent, de raconter des histoires absolument fausses qui n'ont pas même l'excuse de la vraisemblance, ou de rapporter ce qu'elles ont fait avec une multitude de détails faux. Ces gros mensonges sont dits audacieusement, crûment et avec un sang-froid qui déconcerte. (DE FONVIELLE.)

« On en a vu tenir en échec pendant de longues

années les tribunaux, les médecins, leur famille, sur un échaffaudage de mensonges emboîtés avec un art inouï les uns dans les autres. Elles sont essentiellement menteuses, et c'est là le vrai criterium de la femme hystérique. » (M. l'abbé MOREAU.)

« Impressionable à l'exces, l'hystérique a des colères sans raison et aussi des joies sans motifs. Dans les moments de crise un peu forte, sans aller toutefois jusqu'aux convulsions, elle éprouve un constant besoin de quereller, de chicaner qui rend souvent la vie difficile à ceux qui vivent dans sa société habituelle. Présomptueuse, ne voulant ressembler à personne, cherchant par tous les moyens à faire parler d'elle, elle prémédite des choses étranges, soulève des incidents ridicules et formule les propositions les plus déraisonnables, ne reculant devant rien, ni devant l'hypocrisie et le mensonge, ni devant le déréglement et le cynisme. Elle invente des mystifications de l'ordre le plus inattendu, et se prête à leur exécution ; n'a de respect pour rien, est avide de l'extraordinaire, prend plaisir à être pour tout le monde un sujet d'étonnement, imagine pour elle-même le genre de vie le plus anormal, se met en révolte ouverte avec tous les usages reçus, impose avec audace ses caprices les plus malséants, combat toutes les traditions et tente de leur substituer ses idées et ses procédés. Plus on remarque ses singularités et plus elle se sent entraînée à accomplir des étrangetés nouvelles ; l'attention publique

est pour elle une prime d'encouragement. » (Legrand du Saulle.)

« Madame X, rapporte Esquirol, parle au premier venu contre son mari, l'accuse de mille torts
qu'il n'a pas. Inconsidérée dans ses propos, elle
revèle des secrets qu'une femme tient ordinairement cachés ; imprudente dans ses démarches, elle
s'expose à de justes soupçons, Son mari, ses parents veulent-ils lui faire quelques réprésenta-
tions, elle se fâche et prétend qu'on la calomnie...
Elle raconte aux uns et aux autres mille faits con-
trouvés, cherchant à répandre le mécontentement, la mésintelligence et le désordre. Il semble
que le démon du mal inspire ses paroles et ses
actions... Si elle est en société, elle se compose
avec tant de soin que les plus prévenus reviennent sur son compte. Elle prend part à la conversation, adresse des choses obligeantes et des flatteries aux personnes dont elle a dit du mal la
veille ou dans la matinée même. »

« Une autre hystérique croit avoir une intelligence supérieure et être victime de l'ignorance de
son mari qui n'entendant rien aux affaires aurait
été ruiné sans elle. Elle le contrarie, l'injurie et
finit par le prendre en aversion. Ses affaires, son
ménage, ses enfants sont négligés. Elle va, vient
en tous lieux, fatiguant tout le monde par sa lo-
quacité et par ses prétentions. Elle répète même
à des étrangers ses plaintes, ses projets, ses espérances. Mécontente de tout ce qui est chez elle,

elle annonce l'intention de faire maison nette, déplace tout, fait des dépenses exagérées et même ridicules. Son aversion pour son mari augmente, elle veut déserter la maison conjugale.

« Placée dans une maison de santé, elle parle de la supériorité de son intelligence et de sa capacité ; traite avec dédain les autres pensionnaires, les chefs, les employés, les serviteurs de la maison, se plaint de tout... Elle écrit au préfet de police, aux magistrats, à des avocats, des lettres dont la rédaction trompe les personnes auxquelles elles sont adressées. »

On voit des hystériques qui sont d'une force rare dans la discussion, qui ont le don de la réplique et cherchent constamment à faire briller leur esprit. « Il est de ces malades, dit Guislain, qui sont capables de désarçonner des logiciens solides, leurs controverses sont parfois on ne peut plus spirituelles. Je me rappelle une dame qui était un vrai tourment pour moi, comme pour toutes les personnes de l'établissement. Chaque fois qu'une discussion s'engageait, j'avais à lutter contre ses assauts d'esprit. Toutes mes réponses étaient passées au creuset de l'analyse, et cela, avec une profondeur de vues qui étonnait tout le monde. »

Pinel parle de ces malades qui font les réponses les plus justes, les plus précises, lisent et écrivent comme si leur entendement était parfaitement sain ; « c'est que, dit Trélat, ces malades délirent dans leurs actes, mais ne délirent pas dans leurs paroles. Leur déraison n'est connue que dans leur intérieur et ne se fait pas jour au dehors. »

« Jusqu'au milieu de ses accès, continue Esquirol, madame X... se contient en présence des étrangers et des personnes qu'elle veut convaincre de sa bonne santé intellectuelle et morale. Jamais elle ne dit un mot déplacé ou inconvenant devant ces personnes. Tous ses propos et toutes ses actions sont motivés. Elle accable de sarcasmes et de dédains ceux qu'elle croit faibles, et cède dès qu'on lui oppose une résistance énergique. Elle dissimule, a recours au mensonge pour mieux tromper et arriver à ses fins. Elle souffle l'insubordination. C'est un fléau pour les établissements où elle est placée. »

N'étant ni raisonnable, ni folle, l'hystérique appartient d'ordinaire à une famille de gens nerveux et convulsifs, d'apoplectiques, d'aliénés ou de suicidés...; surnuméraire permanente de l'aliénation, elle reste sur la frontière de la raison et de la folie, suscite sur son propre compte les opinions les plus divergentes. Incorrect rejeton d'une famille à tares pathologiques, elle représente à sa façon un passé morbide en voie de transformation. (LEGRAND DU SAULLE.)

A cette occasion, le docteur Collin, prétend qu'on attribue à tort à l'hystérie une foule de phénomènes qui proviennent de plusieurs autres causes et, en particulier, de la dégénérescence héréditaire. « L'hystérie, dit Gilles de la Tourette qui

partage ce sentiment, est un *caput mortuum*, une
espèce de gouffre dans lequel on entasse tout ce
qui semble étrange, tout ce que notre esprit, amateur des causes finales, ne peut expliquer. C'est
surtout quand il s'agit de maladies mentales que
se dessine cette tendance. Qu'une maladie étrange
se présente, une déséquilibrée quelconque, une
débile plus ou moins coquette, plus ou moins
évaporée... ; C'est une hystérique, dit-on, et il
semble que l'on ait tout dit. Bien souvent, on ne
sait pas au juste ce que c'est que l'hystérie ; mais
le mot est là, magique, incompréhensible pour la
masse générale et qui explique tout. » Il sera bon
de rappeler ce passage à M. Gilles de la Tourette,
quand il prétendra expliquer tous les miracles
par l'hystérie.

D'après ce même docteur, de même que maintenant on distingue nettement l'hystérie épileptiforme de l'épilepsie avec laquelle on la confondait
naguère, de même il faut aujourd'hui distinguer
les phénomènes provenant de l'hystérie de ceux
provenant de la dégénérescence physique ou men-
tale. Pour démontrer la vérité de son assertion, il
rapporte le fait suivant :

« Nous avons, pendant près de deux ans, très
minutieusement observé une femme aussi peu
hystérique que possible, mais, par contre, dégénérée au maximum. Entrée à la Salpêtrière pour
une contracture en voie de résolution, elle offrait
le type le plus accompli du délire du toucher. Il

lui était extrèmement difficile d'ouvrir une porte ornée d'un bouton de cuivre : non seulement elle éprouvait une angoisse intense, lorsqu'elle était forcée de mettre sa main sur la plaque de métal, mais encore elle était prise, en ce moment, (autre symptôme de dégénérescence) de sensations dans l'abdomen extraordinairement pénibles. Mettre une lettre à la poste était pour elle une opération des plus compliquées. Et les scrupules ! son cerveau en était hanté outre mesure ; nous en savons quelque chose !

Evidemment, tous les auteurs que nous avons consultés, regarderaient cette malade comme une hystérique ; le docteur Gilles de la Tourette prétend que c'était une dégénérée : nous laissons aux médecins le soin d'apprécier l'utilité de cette distinction. Mais comme les symptômes de l'hystérie et les symptômes de la dégénérescence ont les plus grands rapports entre eux, qu'ils coexistent souvent ensemble et qu'il est même parfois très difficile de les distinguer les uns des autres, nous continuerons, à la suite des docteurs les plus autorisés, à les comprendre sous le nom générique de *phénomènes hystériques*.

D'ailleurs des personnes qui apportent en naissant la tare héréditaire de la névrose, dont les facultés affectives sont tellement désordonnées, tellement troublées, tellement chancelantes et défaillantes que, selon l'expression du docteur Huchard, *elles ne savent pas, elles ne peuvent pas,*

elles ne veulent pas vouloir, ne sont-elles pas de
véritables dégénérées ?

En ne perdant jamais de vue que le défaut
d'équilibre dans les facultés de l'âme est la principale caractéristique de l'état mental des hystériques que la volonté sans cesse défaillante de ces
malades est impuissante à réprimer des impulsions passionnelles, aussi multiples que soudaines,
aussi peu durables qu'intenses, on comprendra
facilement que bien des existences, émaillées d'actes excentriques et déraisonnables, semées d'aventures imprévues, en un mot assez mouvementées
pour faire pâlir les créations des romanciers les
plus inventifs. (LEGRAND DU SAULLE.)

Morel rapporte les faits suivants : une jeune
hystérique dînait avec ses parents ; tout à coup
elle quitte la table, et son absence prolongée
ayant inquiété sa famille, on se met à sa recherche ; on la retrouve dans un bois voisin, occupée
à accumuler les pierres pour en faire une espèce
d'autel, disant qu'elle va se marier. Elle s'était
couronnée de fleurs et avait ôté ses vêtements. —
Une autre quitte le bras de son père, dans une
fête de village, et va se plonger dans un ruisseau
fangeux. — Une grande et belle fille de vingt-
quatre ans avait coutume, de temps en temps, de
jeter son ouvrage violemment, se levait et ne
s'apaisait que lorsqu'elle avait cassé quelques
carreaux ou brisé des assiettes. Un jour, elle se
leva de table, se saisit d'un vase où bouillait de

l'eau et la versa, sans la moindre émotion, dans le cou de son frère.

« Tour à tour douces et emportées, bienfaisantes et cruelles, impressionnables à l'excès, rarement maîtresses de leur premier mouvement, incapables de résister à des impulsions de la nature la plus opposée, elles présentent un défaut d'équilibre entre les facultés morales supérieures, la volonté, la conscience, et les facultés inférieures, instincts, passions, désirs. » (MOREAU, de Tours.)

Par une étrange contradiction, leur sensibilité, exaltée au plus haut point pour les motifs les plus futiles, semble parfois cuirassée contre de véritables malheurs. Telle qui transforme en offense la plus légère plaisanterie et s'abandonne au désespoir pour une parole mal interprétée, assiste avec l'indifférence la plus complète à l'inconduite de son mari ou voit sans émotion sa fortune menacée.

Tous les changements d'humeur, de sentiment ou d'idées, se produisent chez les hystériques avec autant de rapidité que d'exagération ; chez elles, les impulsions ne sont pas, comme chez les épileptiques, privées absolument du contrôle de l'intelligence, mais elles sont vivement suivies de l'acte. Ces malades ont, à certains égards, le caractère enfantin, avec les affolements de désespoir, les explosions de gaieté bruyante, les grands élans d'affection, les attendrissements rapides et les brusques emportements pendant lesquels elles

trépignent du pied, brisent les meubles et éprouvent l'irrésistible besoin de frapper. (LEGRAND DU.
SAULLE.)

A la mobilité habituelle de leurs impressions,
il est curieux d'opposer la constante persévérance,
la fixité invariable avec laquelle, par une contradiction singulière, elles reviennent toujours à une
même idée qu'elles ont imaginée tout d'abord et
à laquelle elles s'attachent, sans vouloir, comme
on dit familièrement, en démordre. (LEGRAND DU
SAULLE.)

« Ces idées fixes qui constituent, suivant l'expression si ingénieuse d'Esquirol, une sorte de
catalepsie, de suspension de l'intelligence, peuvent
donner lieu à différents accidents chez les hystériques : ainsi nous avons vu que certaines malades refusent tout aliment, non pas seulement
parce qu'elles ont perdu la sensation de la faim,
mais aussi parce qu'elles s'imaginent que le travail digestif détermine des douleurs trop vives ;
une autre se condamne à un mutisme absolu,
parce que l'exercice de la voix détermine, dit-
elle, un peu de douleur, et elle reste ainsi muette
pendant des mois ; une troisième croit remarquer
que la marche et la station provoquent des sensations douloureuses, et alors, pour les éviter, elle
a résolu de ne plus marcher pendant une année ;
une hystérique tient les yeux fermés pendant des
journées entières, laissant tomber ou contractant
convulsivement ses voiles palpébraux et se refu-

sant absolument à les ouvrir. On pourrait citer un grand nombre de cas semblables où les hystériques se condamnent, de parti pris, par obstination, par une sorte d'opiniâtreté maladive, à ne plus manger, à ne plus marcher, à ne plus voir. Elles ont décidé ainsi, pendant des mois et même des années, de ne plus vivre de la vie commune, presque calmes et indifférentes au milieu des émotions ou des tristesses de leur entourage : celui-ci a beau prier, supplier, insister, l'excès d'insistance appelle l'excès de résistance. » (LASÈGUE.)

Il n'est pas rare de voir, dans ces circonstances, une hystérique prise subitement d'un désir irrésistible de commettre un vol. Dans le mois d'Octobre 1845, une femme, dans une position aisée, dînait avec son mari, ses enfants et sa domestique dans un restaurant du Palais-Royal. Elle fut surprise par un garçon au moment où elle cachait dans ses poches plusieurs couverts qui avaient servi au dîner. On ne soupçonna pas de complicité le mari qui en ce moment tournait le dos à sa femme et montrait par la fenêtre le Jardin à ses enfants. Conduite immédiatement devant le commissaire de police, cette dame ne peut nier que les couverts ont été trouvés sur elle, mais elle ne peut expliquer pourquoi elle s'en est emparée. Des personnes graves viennent attester que la dame X... leur est connue par des antécédents trop honorables pour qu'on puisse admettre une pareille faute. Le Docteur Bois de Loury, chargé de l'examiner,

constate que, pendant son enfance, elle a été atteinte
d'une affection grave du cerveau, accompagnée
d'un violent délire et suivie d'une convalescence
très longue. Depuis lors, elle a toujours été capricieuse et indomptable, d'un caractère vif et
emporté. Aujourd'hui, quoique mariée, mère de
deux enfants, ses sentiments n'ont rien perdu de
leur exaltation. Il y a à peine deux ans, elle s'est
donnée en spectacle dans la rue, ameutant les pas-
sants par ses cris, pour un sujet des plus futiles ;
la bonne de ses enfants était un peu en retard...
Juive très attachée à son culte, elle a assisté, il y
a quelques jours, à l'abjuration de son frère qui
épousait une chrétienne ; au moment de la cérémonie, elle est prise de spasmes nerveux et perd
connaissance... Le lendemain on la voit sortir, la
figure bouleversée, la toilette en désordre, et c'est
le soir de ce jour qu'elle commet son larcin.
Devant le magistrat elle déclare ne pas se souvenir
de cet acte ; en même temps, survient une attaque
nerveuse qui oblige de suspendre l'interrogatoire. Rappelant ces accidents nerveux si caractéristiques et rapprochant de la situation honorable et aisée de cette dame, le peu d'importance et
la nature des objets volés (cinq couverts de mail-
lechort), le Docteur Boys de Loury n'hésite pas à
mettre cette action sur le compte d'une aberration
momentanée des facultés intellectuelles. Les poursuites sont arrêtées. »

« Alphonsine Ch... âgée de 24 ans, n'étant point

dans la misère et n'ayant nullement besoin d'argent, se sent tout à coup, au marché des Carmes, en proie à un grand tremblement, elle venait de voler deux porte-monnaie. Elle avoue le fait, se reconnaît coupable, n'essaie point de se disculper, pleure et se lamente, réclame son mari et ses enfants, et se livre au plus grand désespoir. Interrogée, elle rapporte qu'elle a été prise d'une impulsion irrésistible au vol ; qu'elle savait bien qu'elle allait mal faire, qu'elle tentait de se raisonner, mais qu'il lui avait été impossible de résister. (Legrand du Saulles.)

Mme P... est âgée de vingt-quatre ans ; elle a été atteinte, à treize ans, d'une fièvre typhoïde et a commencé ensuite à présenter de très fréquents maux de tête et des absences très passagères de mémoire et même de lucidité. A de certaines époques, elle se trouvait portée à l'inaction, à la rêverie, à la mélancolie, à la misanthropie ; elle ne se possédait pas entièrement et vivait au hasard des impressions.

Au couvent, à Beaugency, elle a éprouvé des attaques graves d'hystérie et le Docteur Saint-Elme a noté chez elle des désordres de la sensibilité et du mouvement, avec manifestations cataleptiformes. Les crises convulsives étaient passagèrement suivies de pâleur, de demi-stupeur et de perte de souvenir. Poussée par une force irrésistible, elle a volé une première fois un coffret : puis, une seconde fois, des titres au porteur qu'elle

a ensuite jetés dans le jardin du légitime posses-
seur de ces valeurs. A peine a-t-elle entre les
mains les objets soustraits, qu'elle n'en veut plus,
désire autre chose, se sent inquiète, agitée, invin-
ciblement portée à mal faire, et, malgré les apparences les plus raisonnables, on la voit se dépenser infructueusement dans une activité non justifiée
ou stérile, ou bien rester dans l'abattement, pleurer
sans motifs et assister en étrangère à tout ce qui
se passe autour d'elle. (L. d. S.)

On comprend jusqu'à quel point peuvent être
fâcheux et déshonorants les faits accomplis par
les hystériques; mais si ces faits entraînent moralement des conséquences regrettables, ils ne con-
duisent pas, tous au moins, à des entreprises extrêmement dommageables contre la sécurité, la
propriété ou la vie d'autrui. Tandis que les épileptiques commettent ces violences soudaines et ces
effroyables attentats qui ensanglantent la société et
frappent de terreur toute une petite ville ou tout
un quartier de Paris, les hystériques au contraire,
exemptes la plupart des impulsions terribles qui
rentrent dans les symptômes des cas graves du
mal caduc, se dépensent surtout en excentricités
multiples et en délits divers. Mais ces délits deviennent heureusement moins nombreux au fur et à
mesure que l'on s'approche du crime proprement
dit. Des exceptions cependant existent et plus
d'une fois comme on vient de le voir, et comme
on le verra encore, des hystériques se sont

rendues coupables de vols, d'incendies et de meurtres.

Il est un autre caractère que l'on observe assez fréquemment chez les hystériques intellectuellement troublées. Quelques malades contrariées, irritées, jalouses, emportées, ne sachant à qui s'en prendre et accusant volontiers tout le monde, quittent leur maison à la hâte, en proie à une vive émotion et se rendent chez une parente ou chez une amie. Elles y arrivent toutes bouleversées, loquaces et à demi tremblantes ; elles se plaignent à tort de leur mari, de leur belle-mère, d'un médecin, d'un prêtre ou d'une voisine ; elles trahissent toutes les intimités de leur ménage, font des confidences scabreuses ou mensongères, médisent sans mesure, calomnient à l'occasion et manquent rarement de faire étalage de leurs qualités, de leurs vertus et de leurs mérites divers ; elles ont trop de cœur, disent-elles ; on ne les comprend pas ; elles sont bien malheureuses ! Les encouragements et les consolations ne se font point attendre. Le calme finit par renaître ; elles reprennent le chemin de leur demeure. Au dîner de la famille ou dans la soirée, elles sont prévenantes, gracieuses et enjouées ; l'orage est dissipé.

Des regrets silencieux se produisent souvent le lendemain et provoquent un peu de taciturnité et de tristesse. « J'ai fait une sottise hier, disait une malade, et j'ai bien peur que mes bavardages ne fassent du tort à mon mari ; mais je n'avais pas d'air, je suffoquais, j'étranglais ; j'ai pris mon chapeau et mon ombrelle et je suis allée dire tout ce que j'avais sur le cœur. Je voyais bien que je n'avais pas le sens commun, que je me perdais ; mais cela me faisait tant de bien de parler à quelqu'un de sympathique ! J'aurais pu d'autant mieux m'arrêter au milieu de toutes mes inconséquences, que l'on ne voulait entendre ni mes plaintes ni mes griefs ; mais j'avais mes nerfs et je n'étais pas fâchée de me venger. C'est déplorable, je le vois maintenant, et je crains bien que mon mari perde sa place. » (LEGRAND DU SAULLE).

D'une susceptibilité extrême, les hystériques s'offensent de tout, et, sous l'impression de la colère, emploient toutes sortes de moyens pour se venger. Il en est un qui plonge les familles dans les plus pénibles angoisses, c'est quand l'hystérique quitte sa maison à la dérobée. Cette sortie précipitée et mystérieuse livre carrière à toutes les hypothèses. La famille attend, échafaude suppositions sur suppositions, soupçons sur soupçons, craintes sur craintes, et les heures s'écoulent toujours. Enfin la malade rentre, ne donne parfois aucune explication, déclare qu'elle ne rendra aucun compte et qu'elle ne descendra à aucune justification. Chacun se tait ; les vraies douleurs sont muettes.

Ces fugues demi conscientes et à la recherche d'aventures, inspirées par l'exaltation, la colère, la jalousie, le désespoir ou la haine, sont tentées

quelquefois méchamment dans le but de faire de
la peine, de causer une grande inquiétude, de faire
croire à de mauvais traitements ou simplement de
donner une leçon à ceux dont on croit avoir à se
plaindre. Parfois ce sont de jeunes filles appartenant au milieu élevé de la société, qui vont tout-à-
coup disparaître et séjourner plus ou moins longtemps loin de leurs familles. Le docteur Legrand
du Saulle en rapporte plusieurs exemples que
nous ne pouvons citer ici par respect pour la
classe de lecteurs à laquelle nous nous adressons.
On ne peut s'imaginer jusqu'à quel point les hystériques remplissent d'amertume et de douleur la
vie de leurs proches, qui font tous leurs efforts
pour les cacher.

Le docteur Trélat en cite un exemple très touchant : « Nous avons connu, dit-il, un ménage où
les emportements du mari, quoique d'une très
grande fréquence, furent absolument ignorés pendant dix ans. Ils ne furent révélés que par le
mari lui-même. Pendant la belle saison, quelques
amis étaient allés dîner à la campagne, chez les
deux époux. Après le repas, on était assis sur la
terrasse, en face de la rivière, on regardait des
bateaux qui passaient sur l'eau. La conversation
était agréable et douce, comme l'air qu'on respi-
rait. Tout-à-coup cet homme dont les accès n'a-
vaient jamais éclaté jusque-là que dans la vie
murée, est ému par un mot et entre en fureur. Il
arrache le peigne de sa femme, défait sa cheve-

lure, la roule autour de ses bras et traîne sa victime sur le sable de la terrasse. On frissonne, on l'entoure, on cherche à le calmer ; c'est elle qui le calme. « Vous ignoriez tout cela, vous, mes « amis, quoiqu'il y ait déjà dix ans que cela dure. « Vous me plaignez et vous avez raison ; mais « plaignez-moi du présent bien plutôt que du « passé ; car mon plus grand malheur est celui « qui m'arrive aujourd'hui ; c'est que vous con- « naissiez ce que j'étais si heureuse de vous « cacher. Ce que vous venez de voir, je le subis « régulièrement deux ou trois fois par semaine.

« Le martyre de cette pauvre femme jeune encore, ne s'est prolongé que deux ans après cette scène. Les accès se rapprochèrent et acquirent une telle violence qu'il fallut placer son mari dans une maison de santé où il mourut d'une méningite. »

« S'il est facile, dit le même auteur dans un autre endroit, de reconnaître certaines hystériques à leurs excentricités, il en est d'autres dont l'examen offre plus de difficultés et qui ne sont ni plus raisonnables, ni moins dangereuses. Elles ne tuent pas, il est vrai, mais elles font mourir en détail ceux au milieu desquels elles vivent. Beaucoup d'entre elles ressemblent à des personnes sensées, ont les formes les plus séduisantes, sont charmantes dans le monde où elles aiment à briller. Douées d'empire sur elles-mêmes, elles répondent exactement aux questions qu'on leur fait et ne se laissent pénétrer et deviner que dans la vie intime. C'est pour la famille qu'elles réservent, les unes leurs caprices et leurs exigences, d'autres leur orgueil blessant, un certain nombre leurs fureurs. Qui pourrait jamais croire aux persécutions et aux violences de celles qui montrent, dans leurs relations, tant de politesse et de douceur? Il est tel mari à qui l'on adresse des hommages flatteurs sur le caractère aimable de sa femme et qui, en réalité, ne reçoit de la part de cette femme élégante dont le discours est si pur et si châtié dans les salons qu'elle fréquente, que des injures exprimées dans le langage le plus grossier, quelquefois le plus obscène. Le malheureux qui n'a pu en croire ses oreilles les premières fois qu'elles ont été blessées par de pareilles attaques, s'applique de tous ses efforts à laisser ignorer sa souffrance. Il n'existe pas de vertu plus méritoire que celle-là; mais la tâche devient tôt ou tard au-dessus de ses forces. Nous avons connu un homme d'une haute intelligence qui brisé, abîmé par les fatigues de ce genre de combat, était tombé dans l'inertie et dans une caducité apparente. »

Toutefois les actes insolites des hystériques ne sont pas toujours tristes, fâcheux et dommageables ; il y a une contrepartie dont nous empruntons l'exposé au docteur Legrand du Saulle. « Des hystériques, dit-il, s'exaltent parfois en faveur des choses de la religion, se mettent à la tête des

confréries, finissent par entrer dans des Congrégations et par prononcer des vœux définitifs. D'autres, tout en restant dans le monde, épousent
bruyamment toutes les bonnes œuvres de leur
paroisse, quêtent pour les pauvres, travaillent
pour les orphelins, visitent les malades, font des
aumônes, sollicitent ardemment la bienfaisance
d'autrui et font un grand nombre de démarches
réellement secourables, et cela, tout en négligeant
le soin de leur famille et des affaires de leur maison. Ces femmes ont une bienfaisance pleine d'os-
tentation et de vantardise; elles éprouvent le
besoin de se mettre en scène, d'appeler l'attention
sur leur zèle et leurs bonnes actions, de déployer
une activité demi-tapageuse, de recevoir des compliments et de passer pour de grandes et ver-
tueuses dames..... Ces femmes vont et viennent,
se multiplient, ont des inspirations d'une délica-
tesse charmante, pensent à tout au milieu de
deuils privés ou des catastrophes publiques et
affectent de ne recevoir qu'en rougissant les tri-
buts d'admiration des affligés reconnaissants et
des témoins attendris. Qu'une famille soit frappée
dans son honneur, dans ses espérances les mieux
fondées, dans sa fortune, son repos et son bonheur ; et l'hystérique charitable, en pénétrant dans
ce milieu désolé, aura des élans surprenants et des
spontanéités émouvantes, elle pleurera avec celui-
ci, sèchera les larmes de celui-là, reconfortera les
plus accablés, ouvrira des horizons inattendus et

consolera tout le monde..... Vienne le calme, et
tous ces beaux mouvements disparaîtront presque aussitôt. Essentiellement mobile et excessive
en tout, l'hystérique n'est point bienfaisante à
froid. La vertu véritable se reconnaît au contraire
à des signes absolument opposés à ceux qui viennent d'être décrits.

« L'hystérique charitable est susceptible d'accomplir des traits de courage qui sont cités et
répétés ou qui deviennent même légendaires... Le
dévouement est devenu pour elle un besoin, et,
sans s'en douter, elle joue pathologiquement le
rôle de la vertu. Tout le monde s'y laisse prendre
et, pour l'exemple, c'est un bien. J'ai dans ce but
demandé et obtenu une récompense publique pour
une hystérique, jadis séquestrée dans un établissement d'aliénées et dont aujourd'hui la bienfaisance, dans son quartier, est vraiment touchante.
Elle conduit les infirmes et les malades aux con-
sultations de certains médecins, dans les hôpitaux ; elle porte du bouillon et du vin aux femmes
en couche, du très bon lait aux nouveaux-nés ;
elle vêtit des malheureux... elle distribue des mé-
dicaments, du linge, de la charpie, et n'a plus
chez elle que le strict nécessaire à l'entretien de
sa toilette personnelle, identiquement la même
en toute saison. Je ne suis pas sûr qu'elle ait
conservé cinq ou six chemises à son usage. Or,
cette dame a des accidents hystériques multiples, se plaint sans cesse de sa santé, s'exalte au

moindre motif, dort très mal et est sérieusement malade.

« La femme hystérique est donc comme un instrument à deux fins, qui peut servir et s'exalter pour le bien comme pour le mal. Mais il faut à tout prix qu'elle sorte des sentiers battus et de la ligne droite et monotone que chacun s'évertue à suivre pendant la vie. » (LEGRAND DU SAULLE).

L'hystérie sans convulsions est certainement de beaucoup la plus fréquente parmi les femmes des classes supérieures de la société; nous la rencontrons à chaque pas, dit Legrand du Saulle, dans le monde parisien. Les troubles organiques sont fort légers et fort peu prononcés. Ce sont des fourmillements aux extrémités, des sensations de froid, des palpitations, des migraines, assez souvent des crampes, un sentiment d'oppression et une gêne considérable de la respiration.

Ce sont ces malades du second degré qui causent habituellement le plus d'ennuis et d'embarras dans les familles ou dans les communautés. L'hystérique qui a des crises épileptiformes, qui perd connaissance et délire plus ou moins longtemps, est bien forcée de reconnaître, quand elle revient à son état normal, qu'à certains moments, elle n'est plus maîtresse d'elle-même et qu'elle ne sait plus ce qu'elle fait. Il n'en est pas de même de l'hystérique au deuxième degré. Ne se sentant pas malade et se croyant au contraire douée d'une intelligence supérieure elle ne veut écouter personne, n'agit qu'à sa tête et emportée par son imagination et l'impulsion du moment, elle se livre à toutes sortes d'excentricités et d'extravagances qui font la désolation de ses proches et le tourment des personnes obligées de vivre avec elle.

Il y a encore dans les crises légères d'hystérie d'autres aberrations mentales très graves, nous y reviendrons quand nous parlerons des désordres intellectuels causés par la grande hystérie.

III

L'HYSTÉRIQUE EN ÉTAT DE CRISE GRAVE AVEC CONVULSIONS.

La crise avec convulsions qu'on désigne assez communément sous le nom d'*attaque*, est en général regardée comme le phénomène capital, quoiqu'il ne soit pas le plus commun et qu'il ne fasse pas nécessairement partie du cortège symptomatique de l'hystérie. « Les femmes y sont beaucoup plus sujettes que les hommes ; sur soixante-neuf femmes hystériques dont nous avons recueilli les observations, cinquante-six ont des attaques convulsives, tandis que sept hommes seulement, sur trente-et-un malades, ont été atteints. » (PITRES)

Il y a alors un ensemble de phénomènes qui font ressembler l'hystérie à l'épilepsie, avec laquelle on l'a longtemps confondue, et qui lui ont fait donner par le Docteur Charcot le nom d'*hys-térie épileptiforme*. Des études plus approfondies ont démontré que ces deux affections, qui peuvent quelquefois coexister dans un même individu, ont chacune leurs caractères spéciaux, par lesquels on discerne ce qui appartient à l'une et ce qui appartient à l'autre, non seulement comme attaque, mais comme début et comme terminaison. Ordinairement l'hystérie ne devient pas épileptiforme, le plus souvent elle l'est d'emblée dès la première attaque. (GRASSET)

Nous n'entreprendrons pas de décrire les différents genres d'attaques, depuis l'absence momentanée pendant laquelle la malade laisse tomber l'ouvrage ou l'objet qu'elle tient à la main, et perd de vue, pour un court instant, ce qui se passe autour d'elle, jusqu'à ces grandes crises où, privée de connaissance, elle pousse des cris, en proie à des mouvements désordonnés et à des convulsions effrayantes. Nous nous contenterons d'indiquer les phénomènes les plus ordinaires de l'attaque.

La grande attaque d'hystérie ne surprend pas, elle est toujours précédée, quelquefois pendant plusieurs jours, d'un cortège de phénomènes permettant aux malades de prévoir le moment où elles vont tomber en attaques. Ces signes précurseurs sont nombreux et variés : ils trahissent le trouble de l'économie tout entière. (P. RICHER)

« Gen... a des attaques environ tous les mois. Elle est prévenue, parfois huit jours à l'avance, d'abord par une irritabilité extrême, des besoins de remuer, des envies de mal faire, des idées de suicide, et par des hallucinations. Trois ou quatre jours avant l'attaque, elle ressent de très vives douleurs dans l'abdomen, elle ne mange plus, quelquefois elle vomit et ne peut plus garder aucune nourriture. Elle éprouve dans tous les membres des inquiétudes, des engourdissements. Elle est triste, abattue, elle sent que ses attaques vont la reprendre et elle en conçoit le plus profond chagrin. Son visage altéré exprime la souffrance et l'angoisse. Elle éprouve un malaise général qui empêche tout travail, et des idées noires envahissent son esprit. Elle est prise de frayeurs soudaines, sans en connaître la cause. Elle ne dort pas ; des hallucinations la tourmentent pendant la nuit ; elle voit des rats noirs et des chats auxquels elle fait la chasse. Elle a des étouffements, de la suffocation, de violentes palpitations cardiaques ; ses oreilles sifflent ; elle entend comme un wagon qui passe ; ses tempes battent ; on dirait qu'on assène des coups de marteau sur cette région et le sommet de la tête est le siège d'une vive douleur. Ces phénomènes douloureux reviennent par accès ; ses jambes tremblent et fléchissent ; elle est prise par moments de secousses générales qui la font sauter sur sa chaise. Ces secousses et ces soubresauts sont très souvent les précurseurs de l'attaque épileptiforme. » (P. Richer)

Dans l'hystérie avec convulsions, on distingue

habituellement les *symptômes* qui caractérisent la maladie et les *phases* ou *périodes* pendant lesquelles elle accomplit son évolution.

On compte ordinairement quatre symptômes.

1° L'*aura*, qui est comme le prodrôme ou l'annonce de l'attaque. Quelquefois plusieurs jours avant la crise, la malade, comme elle le dit elle-même, se trouve changée, elle est incapable de se livrer à un travail assidu quel qu'il soit, elle néglige ses occupations habituelles et dédaigne les distractions. Les souvenirs de son passé et surtout ceux qui l'impressionnent péniblement, reviennent en foule à son esprit, elle ne peut s'en distraire. Les contrariétés du présent l'affectent vivement et les circonstances les plus insignifiantes prennent à ses yeux une importance exagérée. Parfois elle tombe dans une mélancolie profonde qui peut aller jusqu'au désespoir. (P. RICHER)

Il n'est pas difficile aux personnes qui ont l'habitude de la fréquenter, de prévoir l'imminence des attaques. Tout dans son extérieur trahit le trouble de son esprit ; sa mise habituellement empreinte d'une certaine recherche est négligée ; elle abandonne jusqu'aux soins élémentaires de propreté. On la voit, les cheveux épars, la figure défaite, demeurer absorbée dans des réflexions sans fin ; ou bien, son regard perdu fixe un point dans l'espace et l'expression changeante de sa physionomie trahit la présence d'hallucinations, dont nous aurons à parler dans un instant. Ces accès

de tristesse ou de mélancolie alternent avec des
moments de folle gaieté, dont la cause est tout
aussi insaisissable. La malade se livre à toutes
sortes d'enfantillages et un rien excite chez elle un
rire inextinguible. (P. Richer)

Lesp..., au moment d'être malade, se sent envahir par une contracture générale qui immobilise
tout le corps dans la situation qu'il occupe, quand
elle survient. La malade entend encore tout ce qui
se passe autour d'elle, mais elle ne peut parler,
ni faire aucun mouvement. Lesp... n'est prévenue
qu'un quart d'heure avant l'accès. Elle éprouve
alors des envies de rire ou le plus souvent des envies de pleurer. Elle se sent envahie par des idées
tristes et le souvenir des événements passés revient
avec tant de vivacité à sa mémoire, qu'elle se figure voir les personnes et les lieux qui en ont été
le théâtre. Elle n'est cependant pas complètement
distraite du monde extérieur, car elle entend encore
ce qui se passe autour d'elle ; mais elle ne peut
plus ni remuer ni parler ; elle se trouve immobi-
lisée et comme maintenue dans la situation qu'elle
occupait, par une force supérieure à sa volonté...
Bientôt l'obnubilation de l'intelligence devient
complète et l'attaque éclate. (P. Richer)

Le docteur Pitres distingue trois stades ou espèces d'Aura.

« 1° *Aura psychique*. Ce sont presque toujours les
troubles psychiques qui ouvrent la scène. Les malades deviennent inquiets, maussades, tristes. Ils

se sentent tout drôles, tout changés. Ils recher-
chent la solitude ; ils ont envie de pleurer sans motifs ou de rire sans raison. Souvent les événements
tristes de leur vie passée leur reviennent à l'esprit et les obsèdent. Quelquefois ils éprouvent le
besoin de faire de l'exercice, de dépenser leurs
forces ; ils marchent de long en large sans but dé-
fini, ou bien ils se livrent avec frénésie à des travaux manuels.

« 2° *Aura sensitive*. Ce stade est caractérisé par
l'apparition de douleurs souvent très vives, siégeant dans différents points du corps. Ce sont
tantôt des élancements dans les membres ou des
sensations de constrictions violentes à la base du
thorax ou aux seins ; tantôt des serrements à
la gorge ou des langueurs d'estomac ; parfois des
hoquets incoërcibles, des baillements répétés, des
borborygmes bruyants.

« 3° *Aura abdominale*. Quelques instants seulement avant le début des convulsions, certains sujets sentent très distinctement une boule de la grosseur d'un œuf de poule qui partant de la profondeur
de l'un des flancs, s'agite dans l'abdomen, s'élève
vers la région épigastrique où elle cause un malaise indéfinissable et remonte à la gorge où elle
détermine une sensation de strangulation des plus
pénibles. » (PITRES)

Ces prodròmes peuvent manquer, comme aussi ils
peuvent durer quelques heures et même quelques
jours. « Ils consistent, dit Grasset, dans un malaise

indéfinissable : inquiétude, impatience, impossibilité de faire un travail continu ou de rester en place.
La femme pleure et rit sans cause, malgré elle ;
l'appétit et la digestion sont troublés. Il y a des baillements, des soupirs, de la douleur d'entrailles.
Le malaise est tel quelquefois, que la femme désire
l'attaque qui lui rend une santé complète. »

2° *La boule hystérique* est ainsi appelée parce que
la malade éprouve la sensation d'un corps rond
comme d'une boule qui, partant de l'abdomen,
monte jusqu'au cou où elle provoque un sentiment de constriction très pénible, à en juger par
les mouvements que fait la malade pour se débarrasser avec ses mains comme d'un corps étranger
qui gêne sa respiration. Puis, après ces quelques
moments d'extrême angoisse, cette boule semble
redescendre du cou à l'abdomen. Ce va-et-vient
s'opère souvent plusieurs fois dans l'espace d'une
heure et c'est un des symptômes les plus ordinaires et les plus caractéristiques de l'hystérie.

3° *Le clou hystérique* est une douleur très vive,
lancinante, exacerbante, autour d'un point déterminé du crâne, comme si un clou y était enfoncé.
« Il occupe en général, dit Briquet, une étendue
très limitée, depuis la largeur de l'ongle jusqu'à
celle d'une pièce de cinq centimes. La douleur
qu'il produit est extrêmement violente et souvent
elle est portée à un tel point que les malades gémissent ou poussent les hauts cris et sont privés
de sommeil... Cette douleur est fixe et ne se dé-

place pas. La durée est parfois de plusieurs jours ;
on l'a vue aller jusqu'à trois semaines ou un mois.
Le clou hystérique s'accompagne fréquemment de
frissonnements, de vomissements, de troubles di-
gestifs et quelquefois de fièvre. »

La céphalalgie est un phénomène très commun
dans le cours de l'hystérie et c'est un symptôme
important à bien connaître. Elle précède assez
souvent les autres manifestations de l'hystérie, et
chez les petites filles peut en être un symptôme
prémonitoire. Tantôt elle occupe une moitié de la
tête, tantôt elle se circonscrit à un point bien limité, situé soit au sommet du crâne soit à la région temporale. (LEGRAND DU SAULLE)

Toutefois ce point douloureux, que le Docteur
Charcot appelle *la zône hystérogène*, parce qu'en
appuyant sur ce point, on peut, à volonté, produire
ou faire cesser une crise hystérique, ne se trouve
pas toujours à la tête, il existe quelquefois entre
les épaules, à la poitrine ou ailleurs, mais toujours
très circonscrit et ne dépassant guère un ou deux
centimètres de diamètre.

Les zônes hystérogènes sont souvent cutanées,
à fleur de peau, au point que la plus légère excitation suffit à provoquer l'attaque. Pitres parle
d'une dame qui devait prendre les plus grandes
précautions pour mettre ou enlever ses bas, tant
la peau des jambes était douée d'une exquise
sensibilité hystérique. D'autres étaient réduites à
s'abstenir de coiffure ou à ne se peigner qu'avec

mille précautions, pour éviter le frôlement des zônes du cuir chevelu.

Les zônes hystérogènes ne sont pas en tous temps également excitables. Elles le sont d'autant plus que l'attaque convulsive est plus imminente. Il semble que la malade qui est sur le point d'avoir des attaques, soit comparable à une bouteille de Leyde, dont le moindre choc va occasionner la décharge. En effet, lorsque les convulsions ont eu lieu et que la malade, si l'on veut bien me permettre cette expression, se trouve en quelque sorte déchargée, les zônes hystérogènes s'amoindrissent ou même disparaissent complètement, momentanément toutefois, dans des circonstances encore mal définies et dont le mode d'action nous échappe absolument.

« L'action des zônes hystérogènes ne se borne pas à provoquer les attaques. Ce qu'elles font, elles peuvent le défaire. Elles sont comme des armes à la fois offensives et défensives, servant à porter les coups ou à les parer. Une première excitation occasionne les convulsions, une seconde amène l'arrêt immédiat de ces mêmes convulsions. A peine les convulsions ont-elles débuté, qu'une pression un peu plus forte les arrête instantanément. Quelle que soit la raison de cette double action opposée d'une même cause, le fait est là qui s'impose ; il est indéniable... J'ajouterai qu'en général l'excitation qui arrête la convulsion doit être plus forte que celle qui la détermine. Un frottement même léger réussit souvent dans le premier cas : dans le second, il faut donner la préférence à la pression. » (P. RICHER.)

4° *Les Convulsions.* « Quelquefois, dit Sydenham, l'affection hystérique produit des convulsions horribles et qui ressemblent à l'épilepsie. Le ventre et la poitrine se gonflent et gênent la respiration ; la malade fait de si grands efforts que, quoiqu'elle ait d'ailleurs assez peu de forces, tous les assistants suffisent à peine pour la tenir. Durant ce temps, elle crie sans prononcer de paroles distinctes et elle se frappe la poitrine. »

Les malades exécutent toutes les contorsions imaginables, gesticulant, se débattant, se roulant, se relevant, se frappant. Un mouvement qu'elles semblent affectionner, c'est celui du salut ; se redressant sur leur séant, elles portent le corps en avant, puis en arrière, comme une personne alitée qui voudrait saluer profondément un noble visiteur. Une des positions les plus habituelles que prennent alors les hystériques, est l'arc de cercle. Dans cette singulière attitude, la malade, l'abdomen soulevé en l'air, ne repose plus que sur la tête et sur la pointe des pieds. La tête parfois se rapproche tellement des talons que le front regarde le sol et sert de point d'appui antérieur.

Ainsi *Aura, boule hystérique, clou hystérique, convulsions,* tels sont les principaux symptômes qui caractérisent la grande hystérie ou hystérie convulsive.

Si des symptômes on passe aux *périodes* de la
maladie, les auteurs en distinguent ordinairement
quatre que, d'après le docteur Charcot, ils appellent : la période *épileptiforme*, la période *clownique*, la période des *attitudes passionnelles*, la période du *délire*.

Quoique l'attaque puisse avoir lieu subitement,
elle s'annonce le plus souvent, chez les personnes
prédisposées, par un malaise général, tristesse,
abattement, nausées, trépidations, suffocations,
sifflements dans les oreilles, palpitations du cœur.
La malade entend tout à coup le son des cloches ;
il se passe comme des roulements dans sa tête,
elle voit tout tourner autour d'elle. Puis arrivent
des gonflements de la gorge, des sensations
d'étouffement qui ne sont que des contractions
spasmodiques de l'œsophage. La crise est imminente et la patiente le sent si bien, qu'elle déclare
à ceux qui l'entourent, qu'elle va être malade.

1° *Période épileptiforme*. L'attaque présente un
certain nombre de phases que M. l'abbé Moreau
décrit ainsi méthodiquement d'après le docteur
Charcot. « L'hystérique, si elle est debout, tourne
sur elle-même et tombe lourdement par terre en
poussant un grand cri. Tous ses membres se rai-
dissent, ses yeux se convulsent ; elle est agitée de
petites secousses des pieds à la tête et l'écume
lui vient aux lèvres. Cette période se divise elle-
même en deux phases. Dans la phase *tonique*,
l'hystérique demeure absolument rigide, la bou-

che ouverte, les doigts crispés. Elle perd absolument connaissance. La contracture peut atteindre surtout les muscles postérieurs du tronc. On voit tout à coup le milieu du corps de la malade se soulever du lit, les pieds se rapprocher de la tête, de sorte que la malade reste comme l'arche d'un pont, et cela pendant des heures entières. La contracture est quelquefois localisée, à la face, à la langue ; alors la figure de l'hystérique offre quelque chose d'effrayant : ses traits sont convulsés ; sa langue, noire, desséchée, sort de sa bouche. Dans la phase *clownique*, les membres sont pris de secousses violentes toujours dans le même sens. L'hystérique se soulève brusquement, comme si un ressort la poussait ; son corps entier quitte terre ; elle est projetée en l'air, elle retombe, rebondit, quelquefois plus de vingt fois sans s'arrêter. Après une minute au plus, l'hystérique retombe épuisée, meurtrie. »

Plusieurs auteurs, entre autres MM. Legrand du Saulle, Pitres, etc., font de l'attaque une description un peu moins effrayante. Au moment où la crise commence, disent-ils, l'hystérique pousse un ou plusieurs cris, cris très différents du cri isolé, rauque, sinistre de l'épileptique, qui annoncent la perte de la connaissance, ou elle prononce quelques paroles entrecoupées : J'étouffe ! J'étouffe ! maman ! maman ! et elle tombe de son haut, si elle n'est soutenue. Toutefois, observe le docteur Legrand du Saulle, la chute qui suit le cri, n'est pas aussi subite que dans l'épilepsie. La malade a le temps de choisir la place où elle va choir ; elle se fait rarement mal et n'est pas exposée, comme l'épileptique, à se brûler en tombant dans le feu. Cela s'explique, si l'on songe que, dans l'attaque d'hystérie commune, la perte de connaissance est rarement aussi complète que dans le mal caduc et jamais aussi brusque. Quand l'attaque est légère, ajoute Grasset, la perte de connaissance n'est souvent qu'apparente. La malade voit et surtout entend tout ce qui se passe autour d'elle, sans pouvoir réagir ni le manifester ; mais elle se rappelle ensuite tout ce qui s'est passé pendant l'accès. D'où ce précepte généralement donné, de ne jamais rien dire, pendant une attaque d'hystérie, que l'on veuille cacher à la patiente.

Mais si la crise est grave, la perte de la connaissance est aussi complète que dans l'épilepsie. La malade ne sent plus rien, n'entend plus rien, ne peut plus agir spontanément, et, quand elle reprend connaissance, ne se rappelle plus rien de ce qui s'est passé en elle et autour d'elle. A ce moment-là, la suffocation est à son maximum et l'aspect général exprime cette angoisse et cette souffrance que cause la perte ou la gêne extrême de la respiration et qui peut aller jusqu'à la menace de l'asphyxie. La figure est gonflée, injectée, très colorée ; elle garde cependant son expression habituelle et en cela elle diffère de celle de l'épileptique qui a un aspect particulièrement repoussant. Cette période est en général très courte et bientôt surviennent les contractures musculaires et les convulsions.

2° *Période du Clownisme.* La langue française a emprunté ce mot à la langue anglaise, qui a donné le nom de *clowns* aux bateleurs qui, dans les cirques, étonnent la foule par la singularité de leurs attitudes et la bizarrerie de leurs contorsions. Les allures des hystériques ne sont ni moins étranges, ni moins désordonnées. Elles sont alors ordinairement d'un genre particulier. Les membres exécutent avec lenteur des mouvements fort étendus ; les bras remontent le long du corps et au-dessus de la tête. Mais la contracture existe, car le poignet est fléchi sur l'avant-bras, les poings tournés en dedans, les doigts fermés, le pouce appliqué contre la paume de la main ; les pieds sont dans l'extension et les orteils repliés vers la plante ont l'air d'être crochus ; le corps devient raide et immobile ou affecte souvent les attitudes les plus bizarres. Une fois établies, les contractures hystériques peuvent persister fort longtemps et se montrer rebelles à tous les traitements. Mais on les voit fréquemment céder tout à coup, alors qu'elles avaient résisté à tous les efforts dirigés contre elles, sous l'influence d'une émotion vive. Le docteur Charcot en a rapporté plusieurs exemples, entre autres celui d'une femme chez laquelle une contracture, datant de sept ans, disparut subitement à la suite d'une attaque.

Pendant les crises, outre les contractures et les convulsions, il se produit encore d'autres troubles organiques, tels que des palpitations cardiaques, des trépidations, de l'insensibilité, des paralysies qui apparaissent dans les conditions les plus variables. Plusieurs auteurs ont avancé à tort qu'elles sont toujours consécutives aux attaques. Or il n'est pas rare de voir la paralysie se produire en dehors de la période d'attaques et même chez des malades qui n'en ont jamais eu. Assez fréquemment la condition déterminante est une émotion subite et vive. Briquet en a rapporté d'intéressants exemples. Une malade reçoit à l'improviste la nouvelle de la mort de sa mère; à l'instant ses jambes tremblent, fléchissent sous elle, et on la relève paralysée. Une jeune fille, en montant le soir un escalier mal éclairé, est surprise par un homme déguisé qui se précipite sur elle ; saisie d'effroi, elle veut crier et se sauver ; mais elle chancelle, tombe et on la rapporte paralysée dans sa chambre.

Les fatigues excessives et les marches forcées produisent les mêmes effets que la frayeur. Grasset cite le cas d'une jeune personne, modiste de son état, qui passait des nuits et faisait de grands excès de travail pour nourrir sa famille pauvre ; elle ressentit tout d'un coup une douleur entre les deux épaules et fut paralysée des deux bras.

Ces paralysies, quel que soit leur siège, affectent

des caractères qui sont communs à toutes. Si elles ne s'établissent pas d'emblée, elles sont annoncées quelquefois par des fourmillements, des crampes, etc. Mais elles peuvent apparaître avec la brusquerie d'une paralysie consécutive à une hémorrhagie cérébrale. Quant à leur dégré, il varie depuis le simple engourdissement, la lourdeur, jusqu'à la perte complète du mouvement.

Comme toutes les manifestations de nature hystérique, les paralysies sont mobiles. Apparaissant souvent au moment où elles sont le moins prévues, elles quittent parfois avec facilité un groupe musculaire pour en envahir un autre, puis disparaissent pour reparaître ensuite. On a vu dans certains cas, la paralysie affecter successivement le bras, la jambe, le larynx. Briquet a observé une malade qui marchait, s'asseyait, puis sans qu'aucune cause fût intervenue, était incapable de se lever. La durée de sa paralysie oscillait entre une demi-heure et six mois. Tout rentrait ensuite dans l'ordre ; mais un peu plus tard, la même série de phénomènes se reproduisait. (Legrand du Saulle.)

Il existe un spasme respiratoire très fréquemment observé et connu sous le nom de toux hystérique. Cette toux ne se développe que dans le cours de l'hystérie confirmée, dont elle n'est jamais la manifestation primitive. Quelquefois elle s'établit spontanément, sans cause provocatrice. Assez souvent, au contraire, elle reconnaît des conditions déterminantes. C'est tantôt un simple effort, une fatigue, une émotion ; tantôt c'est la respiration d'une atmosphère trop chaude ou viciée par des vapeurs irritantes. Habituellement bruyante et sonore, ayant parfois un timbre rauque, la toux est très fatigante pour les malades et pour leur entourage. Elle est rarement continue et se produit sous forme d'accès, habituellement très rapprochés les uns des autres ; elle est précédée par une sensation de picotement, par une sorte de titillation à l'arrière-gorge. Elle cesse d'ordinaire pendant le sommeil. La toux hystérique est un des symptômes les plus tenaces de la névrose. Elle résiste souvent à tous les traitements, pendant plusieurs mois et même plusieurs années. Il n'est pas rare de la voir disparaître tout-à-coup à la suite d'une émotion.

Mais le plus ordinairement, à la contracture succèdent bientôt des mouvements convulsifs qui ont parfois un aspect effrayant. Ces convulsions sont souvent très violentes. Les malades dans leur lit agitent leurs bras et leurs jambes, les portent à droite et à gauche, bousculent leurs couvertures ; se lèvent brusquement sur leur séant pour se laisser retomber ensuite. Les mouvements acquièrent une énergie extraordinaire. Le tronc et les membres fléchissent et se redressent alternativement avec une telle force, que, si la malade est libre, elle fait des sauts, des bonds, des chutes épouvantables et que cinq ou six personnes ont peine à la contenir, quand une seule suffirait, hors du temps des attaques. (GEORGET.)

« Madame M... raconte le docteur Bergeret, est une femme grande, brune, très vive, dont les regards lancent des traits de flammes et qui, depuis longtemps, est sujette à des attaques d'hystérie très fortes. Un jour, la crise nerveuse dont elle fut atteinte devint si violente que les voisins, l'entendant crier, vinrent me chercher. Je n'ai jamais vu d'attaque d'hystérie aussi effroyable ; elle échappait à toutes les mains qui voulaient la contenir. Elle glissait dans son lit et se tordait comme un serpent, bondissait sur le parquet comme un chevreuil, se heurtant à tous les meubles, sans paraître éprouver le moindre sentiment de douleur, s'emparant de tout ce qui lui tombait sous la main et le brisant sans pitié. Elle saisit un moment le pied d'une petite table d'acajou et l'agita comme un éventail avec une force surhumaine. »

C'est alors que, renversées en arrière, les hystériques forment l'arc de cercle, position qu'elles semblent affectionner, et exécutent toutes les contorsions imaginables. C'est ce que le docteur Richer appelle la période des tours de force qui exigent une souplesse, une agilité et une force musculaire, bien faites pour étonner les spectateurs, et qui pendant longtemps avaient paru tellement au-dessus des forces de la nature, qu'on ne pouvait les expliquer que par l'intervention du démon.

Survient quelquefois une sorte de rage. La

malade entre en furie contre elle-même ; elle cherche à se déchirer la figure, à s'arracher les cheveux ; elle pousse des cris lamentables, se frappe si violemment la poitrine avec son poing, qu'on est obligé d'interposer un coussin. La malade s'en prend aux personnes qui l'entourent ; elle cherche à frapper, à mordre. Si elle ne peut les atteindre, elle déchire tout ce qui est à sa portée, ses draps, ses vêtements. Elle pousse alors de véritables cris de rage ou des hurlements de bête fauve. Elle frappe son lit de la tête en même temps que des poings, répétant ce mouvement jusqu'à satiété. Ces mouvements se prolongent souvent fort longtemps. J'ai vu une malade s'agiter ainsi pendant une demi-heure. (P. RICHER.)

Il est fort rare que les malades cherchent alors à se lever et à échapper aux personnes qui les maintiennent, mais il est très fréquent qu'elles tombent lourdement de leur lit. La durée de la période convulsive est très variable. Dans la majorité des cas, elle oscille entre dix et trente minutes ; mais elle peut être beaucoup plus longue.

Quand l'attaque a été de courte durée, les malades réparent tout de suite le désordre de leurs vêtements et reprennent sans plus tarder leurs occupations habituelles. Quand, au contraire, les convulsions ont été violentes et prolongées, elles éprouvent un grand sentiment de lassitude qui les oblige à se reposer pendant quelques heures, elles ne tombent cependant pas dans l'état de sommeil stertoreux qui succède habituellement aux accès épileptiques.

Dans les cas simples, qui sont de beaucoup les plus fréquents, les caractères des convulsions permettent de reconnaître sans difficulté la nature de la névrose provocatrice. Car rien ne ressemble moins à une attaque d'hystérie franche, qu'un accès du vrai mal caduc. (PITRES.)

3. *Période des attitudes passionnelles*. Bientôt les mouvements deviennent moins étendus, moins désordonnés, les convulsions cessent, la face est moins gonflée, l'oppression diminue. On pense que tout va rentrer dans l'ordre et que la patiente ne tardera pas à reprendre connaissance ; c'est ce qui arrive en effet quelquefois. Mais le plus souvent, tout-à-coup, la face s'anime et reflète diverses impressions. La malade se met à rire d'un rire forcé, convulsif, involontaire. Les yeux eux-mêmes interviennent dans le jeu de la physionomie ; ils deviennent expressifs ; la figure respire la joie ou la terreur ; la patiente est sous le coup d'hallucinations gaies ou tristes ; elle fixe dans l'espace un objet imaginaire et semble trouver à son hallucination un charme exquis ou éprouver une horreur profonde. (LEGRAND DU SAULLE.) C'est la troisième période dite des *attitudes passionnelles*. Pendant cette période, dit P. Richer, les facultés intellectuelles sont actives, mais il y a toujours hallucination. Ainsi on voit parfois se produire toute la

mimique de la peur ; les yeux hagards, grands
ouverts et fixes, regardent dans le vide et semblent
fixer un objet qui fascine et effraie la patiente ;
d'autrefois ce sera la colère ; d'autrefois c'est la
volupté avec des mouvements obscènes et une
expression cynique. L'attitude passionnelle manifeste toujours un sentiment, une action, une pensée. C'est dans cette période que la malade décrit
des scènes lubriques, voit des fleurs, entend de la
musique. Puis, passant à des idées plus sombres,
voit un ennemi qui la poursuit, raconte une scène
d'assassinat et voit le sang couler. (P. RICHER.)

« Dans la deuxième période, dit un auteur,
les gestes, tout en exprimant la douleur, n'ont
aucun but intentionnel ; dans la troisième au contraire, ils deviennent parlants. Il y a, entre les
contorsions de la seconde période et les gestes de
la troisième, la même différence qu'entre le cri et
la parole ; la douleur nous arrache des cris, mais
ces cris, qui nous soulagent personnellement, n'ont
pas, comme la parole, la mission de s'adresser à
ceux qui nous entourent. Si certains mouvements
deviennent indirectement les signes extérieurs
des souffrances que nous éprouvons, il en est d'autres qui expriment directement par eux-mêmes
notre volonté et nos affections. Ce sont des mouvements de ce genre qu'on observe dans la période
des attitudes passionnelles, où la malade envoie
des baisers, fait tantôt des gestes d'appel et tantôt
des gestes de moquerie, de menace et de répul-

sion. C'est la traduction fidèle des rêves auxquels l'hystérique est sujette en ce moment et dont elle conserve le souvenir au sortir de ses crises. Son imagination lui rappelle généralement les pensées qui lui ont fait une vive impression dans sa vie passée. »

En proie à des hallucinations, quelquefois gaies, plus souvent effrayantes, l'hystérique traduit par des gestes, par le jeu expressif de sa physionomie, soit les craintes qui l'obsèdent, soit la joie et le plaisir qu'elle éprouve; tableau singulièrement animé dans quelques cas, auquel les poses plastiques prises par la malade communiquent un aspect des plus pittoresques. (LEGRAND DU SAULLE). Quoique ces rêves soient principalement exprimés par des mouvements, parfois cependant quelques paroles entrecoupées viennent accentuer la signification du geste et indiquer clairement quelle est l'image dont l'esprit de l'hystérique est alors occupé.

« Les hallucinations qui terminent souvent l'attaque ou qui la constituent en partie, dit Gilles de la Tourette, ont une si grande influence sur l'état mental des hystériques qu'il nous faut y insister quelque peu. Elles ont parfois une telle intensité, qu'elles donnent, au sortir de l'attaque, l'illusion du fait accompli. Nous avons vu un de nos malades, un homme, l'attaque terminée, se lever brusquement, ouvrir les fenêtres et chasser le chat noir, purement immatériel, qui venait de le tourmenter et le tourmentait encore sur son lit. C'est le rêve de l'attaque qui peut produire directement les troubles physiques, une paralysie, si le malade a crû tomber dans un précipice ; et aussi ces ecchimoses spontanées dont nous avons ailleurs exquissé l'histoire.

« Il est à remarquer que ces hallucinations, qui accompagnent l'attaque, peuvent s'adresser à tous les sens, mais plus particulièrement au sens de la vue...

« La vision n'est pas immobile ; elle apparaît en marchant dans un certain sens et dans une direction qui est toujours la même. Les chats, les rats, etc., courent en passant devant la malade de gauche à droite ou de droite à gauche, suivant que l'insensibilité d'une partie du corps siège à gauche ou à droite. Le plus souvent le fantôme passe aux côtés de la malade, il vient de derrière elle pour s'évanouir en avant, et cela, du côté insensible. Sainte Thérèse avait le plus souvent des hallucinations du côté gauche. » Assimiler les visions de sainte Thérèse aux rêves des hystériques, voilà où Gilles de la Tourette voulait en venir, voilà où tendent ses suppositions gratuites, ses hypothèses chimériques et ses assertions dénuées de preuves. Il va développer cette idée.

« Si ces hallucinations s'effectuaient uniquement sous l'influence de l'attaque, les phénomènes qu'elles entraînent et qui ont une si grande place dans l'état mental des hystériques, seraient d'une facile interprétation. Mais il est loin d'en être ainsi, par ce fait qu'il est des hystériques chez lesquelles les attaques sont très espacées et d'autres chez lesquelles l'attaque fait complètement défaut. Aussi nous faut-il tenir désormais le plus grand compte d'une autre série de faits, se succédant, pour ainsi dire, sans relâche, et qui pèsent du plus grand poids sur l'état mental de l'hystérique ; nous voulons parler des cauchemars et des rêves, déjà expressément notés par Sydenham. « La nuit, dit-il, qui est pour les autres hommes, un temps de repos et de tranquillité, devient pour les malades dont nous parlons, de même que pour les superstitieux, une occasion de mille chagrins et de mille craintes, à cause des rêves qu'ils font et qui roulent ordinairement sur des morts et des revenants... » Avant de s'endormir tout-à-fait, les hystériques s'assoupissent et se réveillent en sursaut, à diverses reprises ; elles ont des secousses, des sensations de fourmillement, des impatiences, principalement dans la moitié du corps qui est insensible. Dans cette période, intermédiaire à la veille et au sommeil, elles ont quelquefois des hallucinations, s'imaginent qu'on leur cause, croient voir des personnes, des têtes bizarres autour de leur lit.

« Suzanne V..., raconte P. Richer, a une série d'attaques épileptiformes. A la suite, la malade est saisie de crainte, se cache la figure dans l'oreiller. Bientôt elle se redresse et se penchant sur le bord de son lit, l'œil fixé à terre, elle est victime d'une hallucination effrayante qu'elle traduit en ces termes : Oh ! la terre qui s'ouvre, des têtes sortent... ce sont des fantômes... Tiens !... Oh ! ces têtes affreuses ! ces grimaces qu'elles font !... Je ne veux pas qu'il me touche, celui-ci... Après un instant de silence. Eh bien ! approche... qu'il ose... (air de défi) Oh ! pour sûr que ce n'est pas vrai... si... c'est bien des fantômes !... Oh ! (long mouvement de surprise et d'effroi) ces bêtes qui viennent près de moi !... Des crapauds ! ah ! maman, ils viennent sur moi ! (vive frayeur, elle se retire, se cache sous ses couvertures). Je n'aime pas ça, des crapauds... c'est sale, pouah ! des crapauds. On voit des singes, des crapauds, de tout dans cette maison. »

« Les tableaux les plus changeants passent dans leurs yeux, tour à tour gais ou tristes, le plus souvent tristes ; elles ont, comme dans le rêve de l'attaque, des visions d'animaux fantastiques, d'animaux rouges ou gris, suivant les couleurs qu'elles possèdent encore ; effrayées dans leur sommeil, elles s'agitent et parfois tombent à bas de leur lit. Même dans ces cas, et nous en avons des exemples par devers nous, elles ne se réveillent pas toujours ; car étant donné l'insensibilité qui existe si souvent, les chutes ne sont pas toujours douloureusement senties. »

« Une jeune fille de dix-neuf ans, à hérédité nerveuse très chargée, appelait, le 9 Décembre 1889, notre attention sur une rougeur, siégeant à

la face interne du tibia droit, qu'elle avait remar-
quée, le matin même, en vaquant aux soins de sa
toilette. La veille au soir, à la suite d'une vive
contrariété, elle avait eu une crise de larmes ; son
sommeil avait été entrecoupé par des rêves terri-
fiants, ce qui lui arrivait souvent d'ailleurs, et vers
le matin, elle avait ressenti une vive douleur à la face
interne de la jambe droite. Elle fut toute surprise,
en s'habillant, de constater à cet endroit une tache
de forme ovalaire, à grand diamètre vertical, me-
surant environ cinq centimètres de longueur sur
trois centimètres de largeur.

« A quelles causes fallait-il attribuer le développement de cette hémorrhagie sous-cutanée qui,
les jours suivants, jusqu'à sa disparition, passa
par toutes les nuances ordinairement observées
en pareil cas ! La malade affirmait ne s'être pas
heurtée ; elle était sûre que l'ecchymose n'existait
pas le soir, au moment du coucher ; il était non
moins certain qu'il n'y avait pas eu, pendant la
nuit, d'attaque convulsive. Nous n'hésitâmes pas,
pour notre part, à mettre sur le compte d'un rêve
dont, à la vérité, nous ne possédions pas tous les
éléments d'appréciation, étant donnée la perte du
souvenir au réveil, l'apparition de cette ecchymose,
connaissant l'influence que possède le moral sur
le physique de ces malades.

« Les stigmates ainsi produits ne sont pas toujours apparents, mais leur réalité douloureuse,
purement psychique d'ailleurs, n'en existe pas

moins, ainsi que le montre le passage suivant, emprunté à la *Vie de sainte Thérèse* écrite par elle-même « dans laquelle, dit M. le professeur Charcot, cette femme de génie, avec une subtilité d'analyse vraiment merveilleuse, nous fait pénétrer dans l'intimité de son mal. »

« Quelquefois, dit-elle, la douleur se fait sentir à un tel excès qu'on n'est plus capable ni de prière, ni de quoi que ce soit. Le corps en perd tout mouvement ; il est tellement saisi qu'on ne peut remuer ni les pieds, ni les mains. Si l'on est debout, les genoux fléchissent, on tombe sur soi-même en proie à un tel transport que l'on peut à peine respirer. On laisse seulement échapper quelques soupirs très faibles en apparence ; parce que toute force extérieure manque, mais très vifs par l'intensité de la douleur qui les arrache.

« Tandis que j'étais dans cet état, voici une vision dont le Seigneur daigna me favoriser à diverses reprises. J'apercevais près de moi, du côté gauche, un ange sous une forme corporelle. Il est extrêmement rare que je les voie ainsi. Quoique j'aie très souvent le bonheur de jouir de la présence des anges, je ne les vois que par une vision intellectuelle... Dans celle-ci, le Seigneur voulut que l'ange se montrât sous une forme sensible aux yeux de mon âme. Il n'était point grand, mais petit et très beau ; à son visage enflammé, on reconnaissait un de ces esprits d'une très haute hiérarchie, qui ne sont, ce semble, que flamme et amour. Il était apparemment de ceux qu'on nomme chérubins, car ils ne disent pas leurs noms. Mais je vois bien que, dans le ciel, il y a une si grande différence de certains anges à d'autres, et de ceux-ci à d'autres, que je ne saurais dire. Je voyais dans les mains de cet ange un long dard qui était d'or et dont la pointe en fer avait à l'extrémité un peu de feu. De temps en temps, il le plongeait au travers de mon cœur et l'enfonçait jusqu'aux entrailles ! en le retirant, il semblait me les emporter avec ce dard et me laissait tout embrasée d'amour de Dieu.

« La douleur de cette blessure était si vive qu'elle m'arrachait ces faibles soupirs dont je parlais naguère ; mais cet indicible martyre me faisait goûter, en même temps, les plus suaves délices ; aussi je ne pouvais ni en désirer la fin, ni trouver de bonheur hors de Dieu. Ce n'est pas une souffrance corporelle, mais toute spirituelle, quoique le corps ne laisse pas d'y participer à un haut degré. »

Pour le docteur Gilles de la Tourette comme pour M. Charcot, cette vision n'est qu'une hallucination de malade. Il faut que ces Messieurs comptent beaucoup sur l'ignorance de leurs lecteurs.

Ainsi une tache apparaît sous la peau d'une jeune fille, Gilles de la Tourette n'hésite pas à l'attribuer à l'effet d'un rêve, sans en donner la moindre preuve, sans citer d'autres faits semblables et quoiqu'on puisse l'expliquer de beau-

coup d'autres manières. Puis il en tire la conséquence que les révélations de sainte Thérèse
provenaient aussi de rêves et de cauchemars. Ainsi
cette femme d'une intelligence si vive, d'un jugement si droit, d'une volonté si ferme, d'une prudence si admirable dans ses entreprises, d'une
constance si inébranlable dans ses résolutions,
que Charcot lui-même l'appelle une femme de
génie, était la dupe de son imagination ! Peut-on
agir avec plus de légèreté et de témérité ? Ainsi, en
célébrant dans tout leur Ordre, avec l'approbation
de l'Eglise, la fête de la Transverbération du cœur
de sainte Thérèse, les Carmes et les Carmélites ho-
norent une hallucination de malade ! C'est ainsi
qu'une certaine école cherche à rendre ridicules
et méprisables les enseignements de l'Eglise.

Ce qu'il y a de plus triste à dire, c'est que ces
docteurs appuient leur opinion sur le témoignage
d'un religieux. « On sait, ajoute en note Gilles de
la Tourette, que sainte Thérèse était une hystérique extatique, ainsi que l'a *démontré*, corrobo-
rant ainsi l'opinion médicale, le P. Hahn, de la
Compagnie de Jésus, dans un ouvrage couronné
dans un concours par un jury nommé par l'évêque
de Salamanque. Nous devons ajouter qu'un autre
Jésuite, le P. de San, a *essayé* de réfuter les idées
émises par son collègue. » Mais ce que le docteur
Gilles de la Tourette ne dit pas et qu'il ignorait
sans doute, c'est qu'il a été démontré que cet ouvrage n'avait jamais été couronné ; que, bien loin

8

de le couronner, la commission de Salamanque avait signalé son peu de valeur théologique et déclaré que, d'après son opinion, sainte Thérèse n'était pas hystérique; c'est que, si l'on a accordé au P. Hahn une médaille d'or, restée sans emploi, ce n'était pas qu'on eût trouvé son travail meilleur que ceux de ses concurrents, qui, au contraire, l'avaient emporté sur le sien, mais pour reconnaître sa bonne volonté et la peine considérable qu'il avait prise; c'est qu'enfin l'ouvrage du P. Hahn a été solidement réfuté, sévèrement condamné et mis à l'Index. « Voilà comment avec de pareilles assertions, nous écrivait un éminent professeur de théologie, on scandalise les âmes pieuses et on ébranle la foi dans les âmes faibles et ignorantes. »

Pour revenir aux *attitudes passionnelles*, dans cette période, l'insensibilité, générale ou plus souvent partielle, est poussée à un haut degré. La malade est insensible aux piqûres, aux impressions visuelles, auditives et tactiles. Seule, la compression d'un point hystérogène est capable de la rappeler à la connaissance du monde réel.

4° *Période du délire*. Les sens commencent à reprendre leurs fonctions; la patiente voit confusément les objets; mais, sous l'empire de l'exaltation et de l'imagination, elle les interprète faussement, elle confond les personnes. En certains endroits qu'elle reconnaît, elle place des êtres imaginaires; généralement, des animaux hideux et repoussants, des serpents, des rats, des crapauds. En proie au malaise, elle est plus portée à dire des injures qu'à faire des compliments : véritable cauchemar, mais où la parole est libre et les sens en partie actifs. L'hystérique répond aux paroles qu'on lui adresse ; mais pas toujours sensément, parce qu'elle les adapte aux situations forgées par son imagination exaltée. Le délire est souvent religieux. Les patientes mettent volontiers de bons et de mauvais génies derrière leurs visions agréables ou désagréables. Quelquefois elles se croient transportées dans un monde imaginaire avec un prince charmant ; les idées érotiques s'y mêlent alors souvent. (GRASSET).

« On conçoit, dit P. Richer, que la troisième et quatrième période de l'attaque hystérique prenant toutes deux leur origine dans des troubles de l'intelligence puissent parfois se confondre et que les limites de chaque période ne soient pas nettement tranchées. Mais il n'en est pas moins vrai que chacune d'elles, lorsqu'elle est suffisamment développée, possède des caractères assez précis et assez spéciaux pour pouvoir la distinguer nettement.

« Si dans les deux cas, il y a conception délirante, dans l'un, c'est le délire de la mémoire, dans l'autre, c'est le délire de l'action. Dans la quatrième période, la malade converse et raconte, dans la troisième elle agit. Ici de la mimique, des attitudes variées ; là des paroles, des discours. Si la quatrième période se parle, la troisième se joue. Les hallucinations sont la raison d'être, la condi-

tion nécessaire de la troisième période, les attitudes passionnelles n'en étant en quelque sorte
que la traduction objective; elles manquent le
plus souvent dans la quatrième période et sont
remplacées par des illusions.

Dans la troisième période, les hallucinations se
reproduisent toujours d'une manière identique.
Les attitudes passionnelles, en dehors des scènes
de pure imagination, reproduisent les évènements
qui, par l'impression vive portée sur l'esprit de la
malade, ont occasionné les premières attaques ou
en ont favorisé le développement, ces scènes
quelquefois gaies, mais le plus souvent terribles,
reparaissent à chaque attaque sans jamais rien
perdre de leur vivacité, et sont rendues par des
gestes, des attitudes qui ne varient pas. Le délire
de la quatrième période n'est pas aussi stéréotypé,
aussi immuable; il est varié à l'infini et porte sur
les sujets les plus divers. S'il touche aux grandes
émotions passées de la malade, c'est pour en parler comme d'un fait éloigné, et non pour les faire
revivre dans tous leurs détails, comme cela a lieu
dans la troisième période. Mais le plus souvent
ce délire de la fin puise son sujet dans les impressions journalières de la malade et dans les préoccupations de son esprit et de son cœur. L'abolition
de la volonté rend même toute dissimulation impossible. Aussi la malade découvre-t-elle parfois
ses plus secrètes pensées et fait-elle part de ses
projets les mieux cachés.

« Dans la troisième période enfin, la malade
est complètement distraite du monde extérieur et
insensible à toutes les excitations. Elle ne voit rien,
elle n'entend rien, elle ne sent rien. Rien de ce
qui se passe en dehors d'elle ne saurait influencer
son délire. Dans la quatrième période, sans avoir
complètement recouvré ses sens, elle ne demeure
pas aussi inaccessible aux influences du dehors.
Elle est le jouet d'illusions. Elle entend, mais elle
ne rapporte pas le bruit à sa véritable cause ; elle
lui attribue une signification avec l'idée qui la possède. Elle voit, mais elle ne reconnaît pas les personnes qui l'entourent, elle leur donne des noms
supposés et les prend pour les personnages de ses
hallucinations. » (P. Richer).

Contrairement à ce qu'on observe dans l'accès
d'hystérie sans convulsions, la conscience est abolie pendant toute la durée de la crise, et la malade,
revenue à la santé, ne garde aucun souvenir de ce
qui vient de se passer. (Legrand du Saulle).

IV

MARCHE ET DURÉE DES ATTAQUES
AVEC CONVULSIONS.

« Les périodes dont on vient de lire la description, se succèdent dans l'ordre que nous avons
suivi, pour constituer une attaque épileptiforme
régulière et complète. La période épileptoïde dure

en moyenne de une à trois minutes. D'ordinaire elle est nettement séparée, par un moment de calme, de la seconde période (grands mouvements et contorsions) dont la durée est à peu près égale à celle de la période épileptoïde. Enfin la ligne de démarcation est bien moins nette entre les attitudes passionnelles et la deuxième période, l'hallucination commençant quelquefois pendant celle-ci. La période des attitudes passionnelles est la plus longue, elle dure, en moyenne, de cinq minutes à un quart d'heure.

« Ces trois périodes qui constituent à proprement parler l'attaque, ont ensemble une durée moyenne d'un quart d'heure à une demi-heure. La quatrième période qui est plutôt une sorte de prolongation de l'attaque que l'attaque elle-même, a une durée fort difficile à préciser. Elle peut être fort courte, de quelques minutes seulement ou se prolonger beaucoup plus longtemps. » (P. RICHER).

L'attaque d'hystérie se montre très rarement isolée. Elle se répète plusieurs fois de suite, pour former ce qu'on appelle des séries d'attaques, parfois fort longues. Dans les séries, les attaques se succèdent de deux manières : tantôt elles s'enchevêtrent, c'est-à-dire qu'une attaque n'est pas finie qu'une autre recommence aussitôt. La malade ne reprend pas connaissance. Dans ces cas, la quatrième période fait défaut, et les attitudes passionnelles sont brusquement interrompues par la période épileptoïde d'une nouvelle attaque. La quatrième période ne se montre qu'à la fin de la série.

Tantôt les attaques sont séparées par un intervalle de lucidité, plus ou moins long, qui peut durer de dix minutes à un quart d'heure. Dans ce cas l'attaque est complète et la quatrième période est représentée.

Le nombre des attaques qui composent une série, peut être considérable, de vingt à cent, quelquefois davantage. La série se prolonge pendant quatre, cinq heures et même un jour entier. Enfin les séries elles-mêmes peuvent se succéder, ne laissant par jour que peu d'heures de repos, pendant lesquelles la malade prend quelque nourriture. Et cet état peut durer quinze jours, un mois et même davantage. Georget parle d'un cas où l'attaque avait duré quarante-cinq jours et les attaques partielles qui la composaient, avaient des intervalles de repos de quarante à cinquante minutes.

Les attaques qui composent une même série, ne sont pas toutes d'égale durée, ni parfaitement semblables. Dans le commencement, les attaques se montrent violentes et précipitées : vers la fin de la série au contraire, elles se prolongent et semblent gagner en étendue ce qu'elles perdent en intensité. Au début d'une série, l'attaque est souvent incomplète ; une des périodes fait entièrement défaut ou ne se présente qu'à l'état d'ébauche. Bientôt les trois principales périodes

se montrent complètement développées, se suivent sans interruption et ne laissent à la malade
ni trêve, ni repos ; la durée en est plus ou moins
longue. Puis la violence des accidents diminue
peu à peu. Les diverses périodes sont séparées
par un intervalle de repos et les attitudes passionnelles sont suivies du délire de la quatrième période qui prend une importance de plus en plus
grande. Il ne reste plus des autres périodes de
l'attaque que quelques phénomènes épileptiformes qui se montrent de loin en loin et finissent
par s'épuiser complètement ou persistent au contraire pendant un temps fort long.

Mais comme on l'a déjà dit, un caractère bien
particulier à ces troubles organiques, c'est d'être
sous l'influence de l'âme et que survenus subitement, ils disparaissent de même, à la suite d'une
émotion vive, d'une surprise ou d'une frayeur.
Une hystérique est paralysée depuis plusieurs
années ou elle a au bras une contracture permanente ; elle ne peut faire un pas, ni plier le bras ;
elle éprouve une émotion morale ou elle est hypnotisée, à l'instant, elle marche et se sert de son
bras comme si jamais elle n'avait été paralysée ou
contracturée.

« Dans un village belge, raconte le P. Hahn, à
Duffel, vit encore actuellement (1883) une jeune
fille hystérique que j'ai l'occasion de voir quelquefois. Sa jambe droite est paralysée et insensible.
On peut enfoncer, sans faire souffrir la malade,

des pointes acérées jusqu'au sein des chairs du membre affecté. Mais jetez la jeune fille dans le sommeil artificiel de l'hypnotisme, en lui faisant contempler un objet brillant, aussitôt elle marche, court même au besoin, sauf à retomber dans son état paralytique immédiatement après son réveil... Elle présente, au point de vue des mouvements, deux états successifs très distincts. Dans l'un, elle parle, mais ne parvient pas à boire ; dans l'autre, elle boit, mais devient muette. Chose singulière, lorsqu'elle peut parler, elle est gaie, mais ne peut se rappeler aucun des événements arrivés pendant son mutisme qui coïncide toujours avec une teinte assez prononcée de mélancolie. »

C'est à la suite de ces guérisons instantanées que le docteur Gilles de la Tourette fort embarrassé pour expliquer les prodiges qui s'opèrent journellement à Lourdes, depuis plus de trente ans, ne craint pas d'émettre cette assertion aussi fausse qu'impie : « Personne ne peut nier aujourd'hui que les guérisons dites miraculeuses, ne sont rien autre chose que la mise en œuvre des phénomènes suggestifs. »

Mais qu'entend-il par phénomènes suggestifs ? D'après lui, les hystériques sont des êtres extrêmement impressionnables qui adoptent très facilement les idées qu'on leur suggère ou qu'ils se forgent eux-mêmes par l'imagination. « De là deux sortes de suggestions : les unes *extrinsèques* qui viennent du dehors ; les autres *intrinsèques* qui proviennent de la personne elle-même et qui constituent l'*auto-suggestion* dont l'importance est extrême en matière d'hystérie. »

« A notre avis, dit Alfred Binet, les recherches sur l'hypnotisme de ces quinze dernières années, ont surtout contribué à mettre en lumière un fait extrêmement important : l'action morale de l'homme sur l'homme. C'est cette action morale qu'on appelle aujourd'hui la *suggestion*. On a donné un nom nouveau à une chose ancienne, si ancienne qu'elle a dû se produire dès que deux êtres humains se sont rencontrés. Cette action morale qui ne la connaît, qui ne l'a exercée, qui ne l'a subie ? Elle est partout autour de nous et pour l'apercevoir, il suffit d'écouter deux personnes qui causent ou qui discutent ; rarement les deux interlocuteurs sont d'autorité égale. Le plus souvent il y en a un qui mène la conversation, qui l'interrompt, la reprend et la dirige à son gré.; et cette autorité n'est pas nécessairement du côté de la raison, du bon sens, ni même de l'esprit..... A quoi tient son autorité ? Pourquoi y a-t-il des individus qui naturellement, sans effort, sans même le savoir, prennent la place la plus en vue dans un cercle d'interlocuteurs, imposent leur opinion et leur goût, dans un salon et même dans toute une société ? L'autorité semble faite d'un grand nombre de qualités physiques et morales dont aucune, isolément, n'est nécessaire et qui agissent par leur ensemble : une bonne organisation physique,

une adresse naturelle, une voix forte et bien tim-
brée, une élocution facile, un regard ferme, un
esprit prompt à la riposte, du calme, de la fermeté,
une sensibilité modérée, du tact, de la confiance
en soi-même, des idées arrêtées, de la fortune,
une belle position sociale et d'autres dons encore
dont on a une perception confuse et qu'on ne
réussit pas à démêler, mais qui contribuent à
former l'homme d'action, le conducteur du trou-
peau. »

Que de fois on a vu des gens intelligents, instruits, mais sans caractère, dominés et entraînés
par d'autres qui leur sont de beaucoup inférieurs
sous tous les rapports, mais qui sont doués d'une
volonté énergique. Voici un homme pacifique par
nature à qui, au milieu d'une conversation animée, on adresse un mot plaisant qui fait sourire
l'assemblée ; tout entier à la question, il ne l'a pas
même remarqué ; mais un de ces faux amis,
comme il y en a tant, relève ce mot, le commente,
le dénature, en exagère la portée, déclare avec em-
phase qu'il est impossible à un homme d'honneur,
de laisser passer une pareille injure, sans en tirer
vengeance, et il fait si bien qu'il inspire à cet
homme une haine implacable que le sang seul
pourra éteindre. Que de duels funestes n'ont pas
eu d'autres causes ! Que de fois une parole ardente
a suffi pour entraîner dans les pires aventures,
des hommes paisibles qui ne songeaient à rien
quelques heures auparavant et qui déplorent toute

leur vie leur faiblesse et leur aveuglement. Ils
ont cédé à ce que le docteur Gilles de la Tourette
appelle une suggestion extrinsèque.

A chaque instant on rencontre des personnes
plongées dans une sombre tristesse ; elles sont parfaitement constituées, et, jusqu'à ces derniers temps
elles ont joui d'une santé parfaite ; mais un jour
elles se sont imaginé qu'elles avaient une affection du cœur, et depuis ce moment elles vivent
dans des transes continuelles, elles n'osent plus
sortir ; il leur semble à chaque instant qu'elles
vont mourir ; ce sont des malades imaginaires,
victimes de leurs propres suggestions. Or c'est à
ces suggestions intrinsèques ou extrinsèques que
le docteur Gilles de la Tourette attribue toutes
les guérisons dites miraculeuses. En d'autres termes, d'après lui, ces guérisons proviennent de
l'imagination impressionnée et surexcitée des
malades et, à l'appui de sa thèse, il cite plusieurs
exemples.

« Il est des hystériques, dit-il, chez lesquels cet
état de suggestibilité est si grand que pendant la
veille, ce sont de purs automates : leur état mental
est absolument identique avec celui des somnam-
bules hypnotiques, qui, d'ailleurs, sont eux aussi
des hystériques. Lorsqu'on leur raconte des histoires émouvantes, il n'est pas besoin de pratiques
hypnotiques pour les convaincre, comme les petits
enfants, ils croient tout ce qui frappe leur esprit.
Nous connaissons une malade de cet ordre, hos-

pitalisée depuis plusieurs années, qui, à ce point
de vue, est un merveilleux sujet d'étude. Son état
d'esprit est tel qu'à l'état de veille, on ne manque
jamais, avec un peu d'insistance, de lui faire
prendre la fiction pour la réalité : on lui fait accep-
ter des fleurs imaginaires ; on détermine à volonté,
chez elle, la joie ou la tristesse ; son cerveau est
une cire molle à la merci de la suggestion. Dans
l'intervalle des attaques, elle est gaie, bonne pour
ses camarades, surtout, comme elle le dit elle-
même, quand elle a bien dormi ; par contre, trois
ou quatre jours avant son attaque, elle devient
méchante, querelleuse, son sommeil est entrecoupé de cauchemars, et les surveillantes de la
salle ne s'y trompent pas : « Hab... va être malade,
viennent-elles nous dire, et nous savons alors
quels accès formidables vont éclater.

« Une hystérique entend dire dans sa jeunesse,
par un maladroit, que les femmes atteintes de sa
maladie mouraient à la ménopause. Vingt ans
plus tard, au moment des premières manifestations de l'âge critique, elle se prépare à mourir,
étouffe, et serait peut-être morte, si nous n'avions
fini par découvrir son secret et par modifier, non
sans peine, sa conviction. Elle se décida à vivre,
et depuis se porte très bien.

« Rose était malade et paralysée : aucun remède,
ni physique ni moral, ne semblait avoir de prise
sur elle. Pendant le délire d'une crise d'hystérie,
je l'entends dire : « On ne me guérira pas ; ce n'est

« pas une maladie que j'ai : je suis ensorcelée par
« ce vieux sorcier que j'ai fâché contre moi ; il
« n'y a rien à faire. » Je lui fis avouer cette singulière histoire, et parvins, avec bien des difficultés, à lui enlever cette conviction vraiment délirante et je n'eus plus de peine à supprimer la paralysie. » C'est sur de pareils faits, que la plupart
des médecins s'appuient pour soutenir que toutes
les guérisons extraordinaires peuvent s'expliquer
par l'hystérie, l'hypnotisme et la suggestion.
Nous verrons tout à l'heure ce qu'il faut en penser.

Il n'y a pas longtemps encore, quand on parlait
des miracles de Lourdes devant des médecins, la
plupart se contentaient de lever les épaules et de
répondre avec un sourire moqueur : « On ne dis-
« cute pas les miracles ; c'est un reste des super-
« stitions du moyen-âge et de ses préjugés. La
« science en a fait justice depuis longtemps. Par-
« ler de miracles à notre époque, c'est faire injure
« à notre siècle de progrès. » Aujourd'hui, ces
orgueilleuses négations ne sont plus de mise. Les
écoles de la Salpêtrière, de Nancy, de Bordeaux,
rompant avec les traditions du passé, ont compris
qu'il fallait sortir d'une négation systématique, et
elles ont reconnu qu'il y avait à Lourdes des guérisons capables de frapper d'étonnement les spectateurs les plus instruits. Mais comme le docteur
Gilles de la Tourettes, elles prétendent en trouver
l'explication dans les phénomènes de l'hystérie,

et dans les expériences de l'hypnotisme et de la suggestion.

« Les accidents hystériques, dit le docteur Pitres, peuvent être provoqués, modifiés ou supprimés par des influences psychiques ou par des causes physiques, qui n'ont aucune action sur les accidents similaires dépendant de lésions organiques.... Voici une malade qui est insensible du côté gauche, je la pique profondément sur différents points de ce côté du corps, sans qu'elle éprouve la moindre douleur. Le côté droit a conservé toute sa sensibilité. Nous appliquons son avant-bras droit contre les pôles d'un fort aimant, et dans trois minutes, le côté gauche qui était insensible, sera devenu sensible, et le côté droit qui était sensible, sera devenu insensible.

« Je tends la main à une deuxième malade et je lui donne un *shake hand*, (poignée de main) un peu brusque ; c'est une bien petite cause et cependant elle a produit une contraction générale de tout le membre ébranlé par la secousse. Ce membre est devenu rigide, il est impossible d'en fléchir de force les différentes articulations. La malade ne peut lui faire exécuter aucun mouvement volontaire. Nous venons de créer là une infirmité des plus incommodes qui persisterait peut-être plusieurs jours, plusieurs semaines ou plusieurs mois, si nous n'étions pas en mesure de la faire disparaître aussi facilement que nous l'avons produite. Je souffle brusquement, à plusieurs reprises,

sur les téguments du membre contracturé et vous
voyez que la rigidité se dissipe, les jointures reprennent leur souplesse : la guérison est complète.

« Voici une troisième malade dont la motilité
volontaire est parfaite, je lui dis avec autorité :
« Vous êtes paralysée du bras droit. » Ce membre pend maintenant inerte et flasque le long du
corps ; la malade est incapable de le mouvoir et
elle en restera incapable, pendant un laps de temps
indéterminé, probablement fort long : à moins
que je ne lui dise sur le même ton que tout à
à l'heure : « Vous n'êtes plus paralysée ; vous
pouvez remuer votre bras. »

« Mais je prévois une objection. Si le médecin
est armé de moyens si simples et si efficaces pour
guérir les accidents hystériques, comment se
fait-il qu'on rencontre fréquemment dans les
hôpitaux ou dans la pratique civile, des hystériques dont les paralysies, les contractures, les convulsions, etc, résistent, pendant des mois et des
années, aux traitements les plus variés et les plus
énergiques ?... Ma réponse sera très catégorique.
Il y a en effet des accidents hystériques rebelles
à l'emploi des moyens thérapeutiques qu'on est
habitué à diriger contre eux. Cependant ils n'échappent pas aux lois générales que nous venons de
formuler. Car un jour ou l'autre, brusquement,
sous l'influence d'une émotion morale vive, d'un
choc, d'une blessure ou de toute autre cause
imprévue, ils peuvent disparaître instantanément,

sans laisser de traces, sans convalescence. Ces guérisons soudaines d'accidents hystériques, ayant résisté à tous les traitements antérieurs, sont loin d'être rares ; elles se sont produites dans tous les temps et dans tous les pays ; mais elles ont toujours été particulièrement fréquentes, dans des lieux auxquels l'imagination des peuples ou les superstitions religieuses ont attribué des pouvoirs surnaturels. A ce point de vue, l'hystérie n'a point dégénéré ; elle est restée la grande pourvoyeuse des cures imprévues et extraordinaires, la source inépuisable du merveilleux en thérapeutique. Aussi, pour éviter de regrettables erreurs, ne faut-il jamais déclarer incurable un accident hystérique, quand bien même cet accident aurait résisté, pendant des années, aux traitements les plus rationnels et les plus énergiques. Même dans les cas qui paraissent les plus invétérés, une émotion morale vive, une frayeur, une colère, une contrariété, un chagrin, une joie, peuvent tout à coup provoquer la guérison,... faire un miracle. Par l'application de différents procédés hypnogènes connus, on peut modifier une foule de troubles des mouvements chez les hystériques, en les mettant en catalepsie. Vous avez vu récemment dans le service, disparaître, dans ces conditions, des paralysies complètes, des contractures, des spasmes rhytmiques, des convulsions choréïques ; malheureusement ces phénomènes reparaissent aussitôt après le retour à l'état de veille.

« Dans les contractures hystériques, dit encore
le même docteur dans un autre endroit, on peut
toujours compter sur la guérison, mais on ne peut
jamais dire avec certitude à quel moment, ni sous
quelle influence elle surviendra. Telle contracture cédera du premier coup, à l'emploi des moyens
les plus simples ; telle autre qui sera restée
immuable pendant des mois ou des années, malgré les interventions thérapeutiques les plus ration-
nelles, se dissipera brusquement après l'administration de quelque remède de charlatan ou à la
suite d'une neuvaine, d'un pèlerinage ou d'une
émotion morale quelconque. Le médecin doit
s'attendre à ces surprises ; il est même bon qu'il
en annonce à l'avance la possibilité aux intéressés. Une malade de M. Charcot vit disparaître tout
à coup une contracture, datant de quatre ans, à la
suite d'une réprimande ; une autre guérit soudainement, après une vive contrariété ; une troisième
qui n'avait pu sortir du lit, depuis deux ans, se mit
à marcher, après avoir été accusée de vol ; une
quatrième guérit brusquement dans les circonstances racontées par M. Regnard dans les termes
suivants : »

« Il s'agissait d'une fille d'une quarantaine d'années, couchée dans un lit de l'infirmerie depuis
neuf ans : elle avait le bras gauche et la jambe
gauche violemment contracturés. Pour un observateur superficiel, elle présentait donc ce qu'on
aurait appelé autrefois une ankilose du coude,

une coxalgie et un pied-bot. De plus elle avait une contracture de la langue qui ne lui laissait articuler aucun son : elle était donc muette. A peine si de son œil gauche, elle apercevait la lumière. Pour compléter un état aussi lamentable, cette malheureuse avait une contracture de l'œsophage qui ne lui permettait de rien manger ; on lui faisait chaque jour avaler un œuf et un peu de vin par la sonde... En 1872, M. Charcot la montrait publiquement à son cours, disait que tout traitement avait échoué sur cette maladie si compliquée ; mais qu'un jour, peut-être, tel évènement pourrait survenir qui produirait la guérison de tout cela, subitement et d'un seul coup. Cette prédiction recueillie par un journal de médecine, était imprimée à ce moment même.

« Or trois ans plus tard, la malade, désespérant de la médecine et cédant aux suggestions de son entourage, demandait que le Saint Sacrement fût placé sur sa tête, au moment où passerait devant son lit, la procession de la Fête-Dieu. La pauvre femme attendait avec impatience le jour de sa délivrance ; aussi était-elle fort émue, quand le cortège pénétra dans la salle et s'arrêta auprès d'elle. Elle fut prise d'un grand tremblement, perdit connaissance, entra en convulsion hystérique et quand cinq minutes après, elle reprit ses sens, elle était guérie. Contractures, pied-bot, coxalgie, amaurose, mutisme, tout avait disparu. Elle put tout de suite se rendre à la chapelle pour rendre grâces à Dieu... L'aventure fit du bruit ; mais la prudence de l'Archevêque de Paris empêcha qu'elle fût exploitée autrement qu'il ne convenait et tout rentra dans le silence. L'ancienne hystérique se fit infirmière et remplit ses fonctions à la satisfaction générale. Supposez que l'affaire ait eu plus de retentissement et que la Salpêtrière fût devenue un lieu de pèlerinage, il est fort probable que beaucoup d'autres miracles s'y seraient produits. » (PITRES)

C'est très possible ; mais si la foule ignorante avait crié au miracle, les gens sages et instruits auraient imité la prudente conduite de l'archevêque de Paris. Dans le cas que vient de rapporter M. Regnard, des chrétiens admettront sans peine que Dieu a voulu récompenser la foi et la piété de cette pauvre malade, en la guérissant subitement ; mais, comme cette guérison pouvait aussi être l'effet d'une cause naturelle, quoique ignorée, les personnes prudentes resteront dans le doute et ne se prononceront ni pour ni contre.

« Le pronostic des paralysies hystériques est incomparablement moins grave que celui des paralysies organiques et cela pour plusieurs raisons. D'abord parce que les paralysies hystériques n'entraînent jamais, dans les centres nerveux, des perturbations de nature à mettre directement en danger les jours des malades ; ensuite parce qu'elles ne sont jamais fatalement incurables, comme le sont les paralysies qui résultent des lésions destructives du cerveau ou de la moelle épinière. Mais leur durée est impossible à prévoir avec certitude, car leur persistance n'est en rapport ni avec l'ancienneté de l'hystérie, ni avec son intensité apparente. Telle paralysie, survenue chez une hystéro-épileptique invétérée, après une attaque d'une violence excessive ou une grande émotion morale, disparaîtra rapidement sous l'influence des moyens les plus simples ; telle autre, développée chez une hystérique vulgaire, à la suite d'une attaque insignifiante ou d'une petite contrariété, résistera, pendant des mois ou des années, à tous les efforts de la thérapeutique. (Pitres)

« MM. Ballet et Landouzy ont traité avec succès une contracture hystérique des membres inférieurs, durant huit mois, par les pilules de *Mica panis*. La crainte, la colère, la douleur, la joie, la foi ardente dans un résultat prévu et fortement désiré, sont, à n'en pas douter, des agents curateurs puissants que le médecin pourra quelquefois utiliser. Mais ce sont là des agents difficiles à manier. Il faut beaucoup de tact et d'habileté pour en tirer parti, sans compromettre sa dignité ou sans s'exposer à perdre son autorité morale sur les malades et sur leur entourage. A mon avis, on ne doit y avoir recours que tout-à-fait exceptionnellement, lorsque des indications précises en légitiment l'emploi. » (Pitres).

« Quand la guérison survient, elle se produit graduellement ou soudainement. Dans le premier cas, elle coïncide d'ordinaire avec une amélioration progressive dans l'état général des malades et dans les manifestations de l'affection hystérique. Dans le second, elle est habituellement la conséquence d'une émotion morale. Le retour à l'état normal se fait alors brusquement, sans convalescence. D'un instant à l'autre, à la suite d'une grande joie, d'une frayeur, d'une colère, etc., l'infirme devient ingambe, il abandonne ses béquilles et marche sans soutien. C'est un véritable miracle. L'espérance de guérir, la foi ardente dans certains procédés curatifs, voilà un état d'esprit particulièrement favorable à la production de ces guérisons subites et c'est sans doute à leur action sur le moral des malades que les pèlerinages, les neuvaines, les pratiques religieuses de toutes sortes, doivent leur incontestable efficacité. En fait, les paralysies hystériques entrent pour une bonne part dans le contingent des cures, dites miraculeuses, qui se sont produites de tout temps, sous l'influence du mysticisme religieux. » (PITRES).

Au xiiiᵉ siècle, il s'en opéra au tombeau de saint Louis. L'une des miraculées sur laquelle les documents de l'époque donnent quelques détails est une femme de vingt-huit ans, nommée Emmelot. Elle avait été frappée subitement, dans la nuit, d'une paralysie du membre inférieur droit. « Ladite Emmelot, rapporte le chroniqueur, avait perdu l'os de la cuisse de la jambe et du pié, au point qu'elle ne s'en pouvoit aider. Quand on lui touchoit, manioit ou estreignoit fortement le membre, ladite Emmelot disoit qu'elle n'en sentoit rien, ni quand on y enfonçoit asprement une aiguille, ou qu'on mestoit le pié malade au feu. Dans cet estat, elle pria qu'on la portât au tombel du benoist saint Loys et se voua à lui et dit qu'elle ne mangeroit qu'une fois le jour de sa Vigile ; ce qui fut fait moulte de fois. Mais le jour de la Passion, elle sentit une grande angoisse et comprit que notre Sire Dieu et la Vierge Marie et le benoist saint Loys la délivreraient tost. Et adonques ladite Emmelot commença à mouvoir le pié et la cuisse, puis un petit après ce, à estendre ses membres et finalement elle se leva et se mit à marcher, sans soutiens, ni béquilles, en louant Dieu et en bénissant le benoist saint Loys qui l'avait délivrée. » On peut considérer comme très vraisemblable que ladite Emmelot avait une paralysie hystérique.

Des cures identiques ont eu lieu en grand nombre, au commencement du xviiie siècle, sur la tombe du diacre Paris. Carré de Montgeron, qui s'en est fait l'historien, a recueilli des renseignements précieux sur les antécédents des malades, sur les caractères de leurs affections, sur les circonstances dans lesquelles leur guérison s'est opérée. De ces documents, il résulte clairement que ces malades étaient atteints de paralysie hystérique.

« La grotte de Lourdes jouit aujourd'hui d'une

grande réputation ; elle est devenue le rendez-vous
d'une foule d'infirmes de tous les pays, qui s'y rendent avec l'espoir suprême d'y trouver la guérison.
La plupart s'en retournent déçus, mais quelques-
uns y recouvrent réellement la santé et, autant
qu'il est possible d'en juger par les renseignements *très incomplets* publiés jusqu'à ce jour, ce
sont les paralysies hystériques qui fournissent les
succès les plus éclatants. » (PITRES).

« Il ne faut pas douter, Messieurs, continue le
même docteur, de la réalité matérielle de ces guérisons dites miraculeuses ; ce serait faire acte d'un
scepticisme systématique et se placer hors des
règles de la logique scientifique. Oui, certains
malades, paralytiques depuis de longues années,
ont repris subitement l'usage de leurs membres
paralysés, devant les os de saint Louis, dans la
grotte de Lourdes, comme d'autres ont guéri tout
à coup au dernier jour d'une neuvaine, au contact
d'une relique vénérée ou dans le cours d'une in-
vocation religieuse fervente. Est-ce à dire qu'une
puissance surnaturelle soit intervenue pour changer en leur faveur les lois de la nature ? Nullement. Ces malades ont guéri, parce qu'ils avaient
des *paralysies dynamiques, sans lésions organiques,*
et que les émotions morales, de quelque nature
qu'elles soient, sont susceptibles de provoquer la
disparition immédiate de ce genre de paralysies. »

Aussi les théologiens se gardent bien de déclarer miraculeuses ces sortes de guérisons. A leurs

yeux, ce sont des effets dont la cause est incertaine et sur laquelle ils ne se prononcent pas. « Il se produit à Lourdes, dit le docteur Boissarie, un très grand nombre de guérisons qui ne sont pas contraires aux lois naturelles. Pour le malade, elles peuvent être une grande grâce, une faveur insigne. La main de Dieu peut effacer la souffrance sous toutes ses formes ; mais pour le médecin, elles ne présentent aucun caractère surnaturel. » Si à Lourdes on ne constatait que des guérisons de contractures et de paralysies hystériques, l'Eglise ne s'en occuperait pas. Comme on vient de le voir, le docteur Pitres professe que si certains malades guérissent, c'est parce qu'ils ont des *paralysies dynamiques, sans lésions organiques* ; d'où il suit que quand il y a des lésions organiques, aucune *émotion morale* ne peut naturellement les faire disparaître subitement et que si elles disparaissent instantanément, il faut attribuer cette guérison à une force surnaturelle. Or c'est ce qui arrive journellement à Lourdes, comme l'ont constaté une foule de médecins, dont il est impossible de contester la science et la sincérité.

Pour que l'assertion du docteur Gilles de la Tourette fût vraie, il faudrait admettre que toutes les maladies sans exception se rattachent à l'hystérie. Or il n'y a pas un seul médecin qui ne reconnaisse qu'une foule de maladie ne dépendent en rien de la névrose : le cancer, la gangrène, la fracture des membres, la carie des os, les tumeurs, les plaies purulentes. Et cependant, ces malades guérissent subitement à Lourdes.

C'est donc à tort, ce nous semble, que le docteur Pitres affirme : « qu'autant qu'on en peut juger par les *renseignements très incomplets* publiés jusqu'à ce jour, ce sont les paralysies hystériques qui fournissent les succès les plus éclatants. » Et d'abord comment le docteur Pitres peut-il dire aujourd'hui que les renseignements sont *incomplets*, quand depuis plusieurs années déjà, pendant la saison des pèlerinages, une commission composée de médecins venus de tous les points de la France, souvent avec des principes différents et des préventions préconçues, des internes des hôpitaux de Paris, des élèves de M. Charcot, des professeurs de Faculté, contrôlent ces guérisons avec le plus grand soin et la plus grande sévérité? Que faudrait-il de plus pour contenter le savant docteur? « Sur cinq faits relatés par M. Louis Lasserre, ajoute-t-il, trois *paraissent* se rapporter à des paralysies hystériques, ce sont ceux de M. l'abbé de Mussy, de Mlle de Fontenay et de M. Guerrier. » Trois *paraissent*. Ce n'est donc pas bien certain? Ceux qui comme nous ont vu et entendu M. de Mussy, dix ans après sa guérison, avec sa haute taille, ses larges épaules et sa voix retentissante, auront de la peine à croire que c'est un hystérique. Mais admettons pour un moment l'opinion de M. Pitres ; pourquoi ne parle-t-il pas des deux autres malades également guéris? Sinon parce qu'il lui était impossible de signaler dans leur maladie, la moindre trace de la névrose. Enfin si M. Pitres trouvait ces renseignements *incomplets,* pourquoi ne se rendait-il pas lui-même sur les lieux? Il ne faut pas beaucoup de temps pour aller de Bordeaux à Lourdes. Il eût été digne, ce nous semble, de l'éminent professeur de contrôler par lui-même des phénomènes qui préoccupent tout le monde et qui se reproduisent depuis tant d'années.

On s'étonne souvent que sur tant de médecins qui exercent en France, il y en ait si peu qui aient étudié sérieusement ces guérisons multipliées. C'est que pour la plupart, imbus d'idées matérialistes, ils ont peur d'être obligés de reconnaître, dans ces guérisons, l'intervention d'une puissance surnaturelle. Le docteur Charcot, qui n'a jamais prononcé le mot de *Lourdes* dans ses leçons, écrivait au docteur Constantin James : « L'hospice de la Salpétrière envoie, chaque année, une cinquantaine ou une soixantaine de malades à Lourdes, et je les étudie tous avant leur départ et après leur retour. » Sur quoi le docteur Constantin James ajoute : « Quant à savoir ce que le docteur Charcot pense des miracles de Lourdes ; ceci c'est son affaire : seulement j'ai cru comprendre qu'il ne se propose pas de le faire connaître de sitôt. » — « Mais, demande le docteur Boissarie, pourquoi tant de circonspection et de réserve ? Pourquoi cette conspiration du silence ? Depuis quinze ou

vingt ans, le docteur Charcot a examiné plus de
huit cents malades venus à Lourdes, et, au bout de
ce temps, il hésite encore à parler, il garde pour
soi son opinion et ne veut pas se prononcer! Ne
croirait-on pas qu'il craint de s'aventurer sur un
terrain inconnu, plein de périls ou de surprises?
Ne serait-il pas plus loyal et, disons-le, plus scientifique, de reconnaître que l'on ne peut tout expliquer par des effets de suggestion et qu'en dehors
des troubles nerveux, il y a des affections profondes de l'organisme des mieux constatées, des
lésions matérielles, instantanément guéries? Mais
pour échapper à la rigueur d'une démonstration
qui pourrait s'imposer, on refuse de constater la
maladie au départ, afin de ne pas constater la
guérison au retour. »

Madame Rizan, atteinte du choléra, en 1832,
était demeurée paralysée de tout le côté gauche,
depuis vingt-quatre ou vingt-cinq ans ; l'une de
ses mains était entièrement atrophiée : elle était
en proie à de continuels vomissements de sang ;
l'estomac était hors d'état de supporter les aliments. Dans les derniers temps, son état s'était
aggravé ; elle ne pouvait quitter le lit, elle ne
pouvait même y faire un seul mouvement, tant
elle était infirme ; elle n'était plus qu'une masse
inerte, ses membres s'étaient, pour ainsi dire,
ramassés. La position constante que son corps
était obligé de garder, avait fini par produire une
double plaie, l'une au creux de la poitrine, l'autre

à l'aine. Sur le côté, en plusieurs endroits, la peau usée par le long frottement du lit, laissait voir la chair toute dénudée et sanglante. La malade ne parlait presque plus ; une teinte livide se répandait sur ce visage amaigri et un soir, le docteur Subervielle, en la quittant, dit à la famille : « elle mourra dans la nuit ou au plus tard à la naissance du jour. » Pendant la nuit, elle demande à sa fille un verre d'eau de la Grotte. Le matin l'enfant court chez une voisine et en rapporte une bouteille. Mme Rizan en avale quelques gorgées : « O ma fille ! s'écrie-t-elle, c'est la vie que je bois..... Frotte-moi le visage, le bras, tout le corps. » Et à mesure que l'enfant épongeait, à l'aide d'un linge mouillé, les membres paralysés et tuméfiés de la malade, elle voyait l'enflure énorme s'affaisser et disparaître, et la peau, violemment tendue et luisante, reprendre son aspect naturel. Subitement, pleinement, sans transition, la santé et la vie étaient revenues. Tout cela s'était accompli en un instant ; en une minute ou deux, le corps agonisant de Mme Rizan avait retrouvé la plénitude de ses forces. (BOISSARIE).

Le docteur Talamon était le voisin et l'ami de Mme Rizan ; il devait connaître tous les détails de sa maladie et de sa guérison. Lorsque M. Henri Lasserre se présente chez lui pour lui demander ses impressions. « Il y a longtemps, dit le docteur, que cela s'est passé ; ma mémoire ne se souvient que d'une manière fort vague de ce dont vous me parlez, et puis, je suis un vieux médecin ; je sais que les lois de la nature ne sont jamais boulever-sées. Pour vous parler franchement, je ne crois pas à tous ces miracles. » (Boissarie).

Je ne crois pas ! voilà le mot qui fait hésiter les plus vaillants et qui les empêche de délivrer des certificats à de pauvres infirmes, qui les sollicitent pour être admis dans les convois de malades se dirigeant de Paris sur Lourdes, ou, s'ils finissent par s'y décider, voilà pourquoi ils les rédigent de la manière la plus vague. « Au mois d'août dernier, raconte le docteur Boissarie, Céleste Mériel, âgée de 34 ans, pensionnaire de la Salpétrière, arrivait à Lourdes, paralysée du côté gauche, n'entendant pas, ne parlant pas ; son œil, vague et sans in-telligence, ne trahissait aucune impression. Elle nous présenta le certificat suivant, daté du 18 juin 1888. « Je déclare, disait le docteur Faîret, que cette malade ne parle pas, n'entend pas et qu'elle peut se déplacer sans danger pour sa vie. » Ce certificat est un modèle en son genre. Il n'est pas besoin ni de titre ni de diplôme pour constater qu'une malade est sourde, qu'elle ne parle pas et qu'elle peut monter en wagon sans danger. Or il y avait cinq ou six ans qu'elle était couchée, comme incurable, dans la salle des grandes infir-mes, à la Salpétrière ; sans voix, sans mouvement, et ayant perdu l'ouie à la suite d'une longue sup-puration des oreilles et d'une perforation des deux tympans. Tout cela était renfermé dans ces trois

mots : *elle ne parle pas, elle n'entend pas, elle peut
se déplacer sans danger.* Quant à la cause, à la
nature de sa maladie, à nous de deviner, si nous
le pouvions.... Trois jours après elle partait absolument guérie, elle marchait librement, s'exprimait parfaitement bien et entendait d'une façon
normale. Une vie nouvelle semblait animer la
physionomie de cette femme jusque-là si morne, si
terne. Nous avons revu, deux fois, l'hiver suivant,
Céleste Mériel à la Salpétrière où elle avait demandé une place de fille de service dans l'hôpital ;
sa guérison ne s'était pas démentie. » (Boissarie).

Depuis 1884, les guérisons sont étudiées avec le
plus grand soin et une sévérité qui défie toute
critique. On a créé un bureau de constatations
médicales, bureau toujours ouvert pendant les
pèlerinages. Chaque année, les médecins viennent
en plus grand nombre assister à l'examen des
malades. « En 1887, dit le docteur Boissarie,
pendant le pèlerinage national, douze médecins se
sont succédé, dans le Bureau des Constatations, et,
pendant trois jours, ont étudié les guérisons qui se
produisaient sous leurs yeux. Il y avait parmi eux
des internes des hôpitaux de Paris, des professeurs
de nos écoles de médecine et des médecins de nos
grandes villes. En 1888, nous nous sommes trouvés vingt réunis, à la même époque ; en 1889,
nous étions vingt-deux médecins et trente en 1890.

« Nous étions venus de tous les points de la
France ; nous pensions que lorsqu'un mouvement

soulève depuis trente ans tout un pays, s'étend et se généralise dans le monde entier, s'affirme chaque jour par des faits qui provoquent l'examen et la discussion, s'appuie sur des témoignages dignes de foi, il n'est pas permis de détourner la tête ou d'opposer une négation de parti pris. Avec toute l'indépendance de notre caractère et de nos convictions, nous voulions étudier chaque fait, le soumettre au creuset de l'analyse la plus sévère. »

Les médecins incrédules, ennemis du surnaturel et du miracle, sont aujourd'hui forcés de reconnaître, avec le docteur Bernheim de Nancy, que toutes les observations de Lourdes ont été recueillies avec sincérité, contrôlées par des hommes honorables ; ils admettent la réalité des faits ; ils cherchent à les expliquer par des phénomènes de suggestion religieuse. Mais, dans les exemples qu'ils citent, ils écartent avec soin toutes les guérisons de maladies organiques, de luxations, de carrie des os, de tumeurs ou de plaies. (BOISSARIE). Or, c'est surtout sur des guérisons de cette nature que s'appuient les médecins pour démontrer le caractère extraordinaire et scientifiquement inexplicable des guérisons de Lourdes. Et quand des médecins tels que les docteurs Vergez et Chrestien, professeurs à la Faculté de Montpellier ; les docteurs Regnault et Petit, professeurs à l'école médicale de Rennes, le docteur Fabre, professeur à l'école de Marseille ; le docteur Audibert, chef de clinique aux hôpitaux de la même ville ;

les docteurs Thibault, Charuau, Mahol, Thoinet, Jouon, Lebrun, de Nantes ; quand, en dehors des écoles, des centaines de médecins réputés par leur science et par leurs ouvrages, tels que les docteurs Bucquoy et Constantin James, de Paris ; Hellot, de Rouen ; Payan, d'Aix, membre de l'Académie de Médecine ; Puech, de Nîmes ; Cochet, d'Avranches ; Amalric, ancien interne des hôpitaux de Paris, et Chamayou, de Toulouse ; Dozous, de Lourdes ; de Mascarel, de Châtellerault ; Martel, de Béziers ; Affenaer et Verriert, de Bruges ; Schmitz, d'Anvers ; Lefebvre, professeur à l'Université de Louvain et Van der Camen, lauréat de la même Université, etc., etc., déclarent dans les termes les plus précis que les guérisons de Lourdes échappent à toute interprétation scientifique, que jamais on n'a vu ailleurs des affections invétérées, réputées incurables, des lésions organiques, des cancers, des tumeurs, des plaies purulentes, etc, disparaître subitement sans laisser d'autre trace qu'une légère cicatrice ; quand des hommes de cette valeur attestent que ces guérisons, qui se sont produites sous leurs yeux, subites, inattendues, sont en contradiction avec toutes les lois et toutes les observations connues, qui oserait mettre en doute leur parole ou contester leur science et leur autorité ?

Et quand le docteur Gilles de la Tourette ose affirmer que les guérisons miraculeuses ne sont autre chose que la mise en œuvre des phénomènes

10

suggestifs, c'est-à-dire, l'effet d'une imagination impressionnée et surexcitée, n'avons-nous pas raison de dire que cette assertion est aussi fausse qu'impie ? Nous pourrions citer une multitude de faits qui ont déconcerté les plus incrédules et démontré la fausseté de leurs théories. Nous nous contenterons d'en citer deux ou trois que nous tirons de l'ouvrage du Docteur Boissarie.

Au témoignage de deux médecins protestants qui le soignaient, James Tombridge était paralysé des deux jambes, atteint du mal de Pott, (carie des vertèbres), avec des abcès, des plaies étendues ; sa poitrine est profondément atteinte et une toux incessante indique l'usure organique qui s'est faite chez lui. On le porte à Lourdes, on le plonge mourant dans la piscine ; il se relève et s'habille seul. Il était arrivé couché dans un wagon et il repart portant son sac et sa couverture et marchant d'un pas ferme et décidé. « Quand je revins à Paris, racontait-il, quelques mois après, à une personne qui l'interrogeait, ceux qui m'avaient vu emporter mourant et qui me revoyaient marchant et bien portant, couraient après moi dans toute l'avenue de la Reine-Hortense. » — Et les médecins, lui demande-t-on, qu'ont-ils dit ? — M. le Docteur Thorens, protestant, médecin du bureau de Bienfaisance, qui m'avait donné un certificat, et qui a toujours été très bon pour moi, m'a dit : « Vous êtes guéri, tant mieux pour vous ! » M. le Docteur Mac Geven, un autre protestant, s'est aussi montré très heureux de ma guérison.

« Mais un autre médecin a paru très étonné et très mécontent. Il m'a demandé ce qu'on m'avait fait : je lui ai dit : c'est la Sainte Vierge qui m'a guéri. — Ce n'est pas possible ! s'est-il écrié ; il n'y a pas de miracles ! Ce sont des sottises. Avouez qu'on vous a fait prendre quelque médicament. — Vous savez bien, lui dis-je, que je ne prenais plus aucun remède. C'est la Sainte Vierge qui m'a guéri en un instant. — Vous êtes un imposteur, s'est-il écrié ; ce n'est pas possible ! Allez vous promener avec votre Sainte Vierge ! » — Et furieux, il m'a mis à la porte.

Je pleurai d'être ainsi traité et d'entendre parler ainsi. Il y avait là plusieurs personnes ; l'une d'elles, un ministre protestant, s'avança vers moi. Après m'avoir interrogé avec soin, il me dit : votre foi vous a sauvé, » (Boissarie).

Nous regrettons vivement que le Docteur Boissarie ait cru devoir taire le nom de cet orgueilleux médecin qui traite avec tant de dédain une guérison qu'il ne sait comment expliquer. Il eût été bon de le mettre en demeure de démontrer scientifiquement que cette guérison subite, opérée en quelques instants, n'avait rien que de naturel. Mais il était plus facile de dire des injures que de donner de bonnes raisons.

De 1883 à 1889, Pierre Delannoy a passé seize fois successivement dans différents services des

hôpitaux de Paris. Comme le constatent les certificats que l'administration de l'Assistance publique
délivre aux malades à leur sortie des hôpitaux,
pendant ces six années, les plus célèbres médecins lui ont donné leurs soins éclairés : les Docteurs Charcot, de la Salpêtrière ; Gallard, Empis,
Bucquoy, Sée, Durand-Fardel, de l'Hôtel-Dieu ;
Rigal, de Necker ; Ball, de Laënnec ; Laboulbène,
Ferréol, de la Charité ; Dujardin-Beaumetz et
Mesnet, de Cochin, lui ont appliqué différents
traitements ; il a été pendu cinquante fois, brûlé
au fer rouge plus souvent encore ; il a eu des cau-
tères. Le diagnostic de sa maladie est écrit sur
son dos en caractères indélébiles.

Non seulement ce malheureux était atteint d'a-
taxie locomotrice, mais il avait depuis longtemps
traversé la première et la deuxième période de la
maladie ; il entrait dans la troisième : période paralytique de Charcot. Dans ces conditions, les lésions de la moelle sont irrémédiables ; les éléments
nerveux ont diminué au point de disparaître. La
guérison est presque impossible. Dans tous les cas,
elle ne pourrait se faire, d'une façon très incomplète, que graduellement pendant des mois et des
années.

. Cependant Delannoy a guéri subitement, le 20
Août 1889. Il a guéri, non pas dans la piscine,
mais pendant qu'il était agenouillé sur les dalles
de la Grotte et que le Saint-Sacrement passait
près de lui. Il était là, le front contre la pierre qu'il

baisait humblement. Et pendant que la foule criait : Seigneur, guérissez-nous ! Cet ouvrier malade disait à haute voix : Notre-Dame de Lourdes ! guérissez-moi, s'il vous plaît et si vous le jugez nécessaire.

Aussitôt il a éprouvé la sensation très nette d'une force qui le poussait à se relever, à marcher. Il s'est relevé, il a marché seul, sans appui ; sans plus ressentir ni trouble ni douleur, avec une complète et définitive coordination de ses mouvements.

« Quel est l'homme de bonne foi, ajoute le docteur Petit, professeur à l'école de Rennes, quel est le savant intègre qui refuserait de s'incliner devant un fait aussi merveilleux ! Une guérison comme celle de Pierre Delannoy n'a pu s'effectuer que sous l'action directe de Dieu tout-puissant, passant réellement, au milieu de la foule, près de cet ouvrier humble et pénitent, prosterné avec confiance dans la poussière bénie de la Grotte. »

Le 1er septembre, on télégraphiait de l'hôpital de la Charité à Paris : « Nous avons vu Delannoy quatre fois cette semaine : les médecins sont renversés : il marche comme un facteur rural. Aussitôt après sa guérison, il avait pris rang parmi les brancardiers pour porter les malades des hôpitaux aux piscines et personne n'était plus leste et plus agile que lui. (BOISSARIE)

Sœur Julienne est née en 1864, au village de la Roque, canton de Sarlat. Ce village est placé dans

un des plus beaux sites de la magnifique vallée
de la Dordogne. C'est là que Sœur Julienne, la
troisième d'une famille de neuf enfants, tous
encore vivants, fut élevée jusqu'à l'âge de onze
ans, époque à laquelle, pour soulager la famille,
elle fut placée à l'orphelinat de l'hospice de Sarlat.
A 19 ans, elle entra au couvent des Ursulines de
Brives, se sentant un attrait particulier pour le
cloître. Mais, à la fin de son postulat, l'Evêque de
Tulle, premier supérieur du couvent, lui demanda
de faire le sacrifice de la clôture, la communauté
n'ayant personne pour le service extérieur, on lui
donna l'emploi de tourière. Elle était depuis
trois ans dans la communauté, lorsque, au mois
d'août 1886, elle ressentit les premières atteintes
de sa maladie... Elle traîne pendant trois ans ; au
mois de janvier 1889, elle perd la voix, les étouffements sont incessants et très pénibles ; la fièvre
continue et très élevée ; les crachats sont sangui-
nolents ; on entend des râles dans toute l'étendue
de la poitrine... Sœur Julienne était phthisique.
Six médecins l'ont déclaré et reconnu formellement et pour des hommes d'expérience et de
pratique, sa guérison sortait de toutes les prévi-
sions possibles ; mais ce qui de l'aveu de tous était
absolument impossible, c'était une guérison ins-
tantanée, complète, qui, dans quelques secondes,
efface toute trace de maladie.

Un jour, le Docteur Pomarel, pour faire diver-
sion aux préoccupations de la malade et de son

entourage, racontait qu'il venait de voir une
malade de Saintes, paralysée depuis de longs
mois, qui avait été guérie subitement à Lourdes ;
en parlant ainsi, il ne pensait nullement à la possibilité d'un pareil voyage pour Sœur Julienne.
Cependant ce nom de Lourdes, prononcé devant
elle, fait naître dans son âme l'intime conviction
qu'elle y sera guérie, et, malgré l'opposition du
médecin, qui la juge incapable de supporter une
pareille fatigue, on se décide à lui faire faire ce
voyage. A la gare, où on l'avait conduite en voiture, le contrôleur, en la portant dans son wagon
et la voyant si malade, ne put s'empêcher de dire :
« Elles sont folles ! on ne devrait pas permettre
une pareille témérité. On ramènera certainement
un cadavre. » Elle reste jusqu'à Toulouse sans
voix, à moitié évanouie. A Toulouse, on la dépose
dans la salle d'attente. Il y avait en ce moment-là
le pèlerinage de Marseille. Mgr l'archevêque
d'Alby, ému de pitié devant cette sœur si malade,
s'arrête pour la bénir ; tous les pèlerins s'écartent
d'elle avec respect et compassion. A son arrivée à
Lourdes, la tourière du Carmel qu'on avait envoyée au devant des religieuses de Brives, recule
effrayée en la voyant. « Nous ne l'aurions pas
reçue, dit-elle, si nous l'avions sue si malade, »
et, en arrivant au Carmel, on fait prévenir l'aumô-
nier qu'il faudra probablement administrer une
malade dans la nuit. La nuit fut en effet plus douloureuse, les étouffements furent continuels. Le

lendemain matin, la tourière du Carmel la prend
dans ses bras et la porte à une voiture. « Elle ne
reviendra certainement pas, se dit-elle en la quittant. » Trois personnes l'accompagnent à la Grotte:
on la dépose sur un banc en la soutenant de tous
côtés. Elle ne peut ni prier ni penser ; elle est à
bout. C'est à peine si elle jette un regard sur la
Vierge. Après quelques instants, un brancardier
vient la chercher dans une petite voiture à bras
pour la conduire à la piscine. Là, un nouvel obs-
tacle ; les dames préposées à la piscine ne veulent
pas la baigner. « C'est une poitrinaire que vous
nous conduisez, disent-elles, et au dernier degré :
nous ne baignons pas ces malades, nous ne faisons que les éponger. » On rappelle le consentement donné par le médecin de la communauté, on
insiste. « Si vous le voulez, disent ces dames, res-
tez avec nous et prenez toute la responsabilité de
tout ce que nous allons faire. »

On déshabille sœur Julienne qui est là immobile, sans voix, presque sans connaissance et toute
couverte de sueur. On la soulève pour la plonger
dans la piscine et, au moment où elle touche l'eau,
sa bouche s'entr'ouvre et ne se referme pas ; le
souffle expire sur ses lèvres ; sa pâleur est celle
d'un cadavre. On la croit morte, on la retire aussitôt. L'eau n'avait pas encore touché le côté
gauche de son corps. On la soutient, on la dépose
sur la marche qui précède la piscine. Une anxiété
cruelle pénètre les personnes qui l'entourent ; on

cherche à surprendre un signe de vie. A ce moment, ses joues se colorent légèrement, ses yeux s'entr'ouvrent, sa poitrine se dilate..... elle se redresse et se tient debout. « Vous êtes mieux, lui dit-on. — Mais oui, je me sens mieux ! » Et subitement son regard s'éclaire, une vie nouvelle anime cette physionomie jusque-là morne, immobile et glacée. Sœur Julienne refuse de s'asseoir ; elle s'habille seule et bientôt elle veut marcher sans appui et retourner à la Grotte où elle reste une demi-heure à genoux en prières.

Pour la dérober à l'enthousiasme des pèlerins, on la fait monter dans une voiture qui la ramène au Carmel. Les tourières l'entourent, toutes les religieuses descendent au parloir pour la voir, et elle va prier une demi-heure avec elles à la chapelle. Il est midi, elle n'a encore rien pris ; elle se met à table et fait le premier repas sérieux qu'elle eût fait depuis un an.

Le soir, le docteur Pomarel reçoit une dépêche lui annonçant la guérison de sœur Julienne et son retour à Brives pour le vendredi suivant. Ce jour-là, le docteur va au devant d'elle jusqu'à la première station ; il a hâte de vérifier cette guérison inexplicable et inattendue ; il examine la sœur, tâte son pouls, lui fait faire quelques pas dans le wagon... et devant l'évidence il ne peut contenir son émotion, des larmes remplissent ses yeux.

Sœur Julienne était bien connue dans la ville de Brives qu'elle parcourait chaque jour. Toute la population avait suivi avec le plus vif intérêt toutes les phases de sa longue maladie et son départ pour Lourdes; sa guérison eut donc un retentissement exceptionnel. Aussi à l'arrivée du train qui la ramenait à Brives, une foule énorme remplit l'avenue de la gare. Le contrôleur, qui avait présidé à son départ, recule stupéfait en voyant la religieuse pleine de force. Il fallut la faire monter dans une voiture pour la soustraire encore une fois aux ovations enthousiastes. Mais, à la porte du couvent, elle trouve la cour et la chapelle remplies d'une multitude compacte qu'elle a peine à traverser. On entre à la chapelle et pendant le chant du *Magnificat* et la bénédiction, il faut ouvrir les rideaux de clôture que l'on n'ouvre que les jours de profession et de prise d'habit : la foule les aurait déchirés. Sœur Julienne était agenouillée sur un prie-Dieu en avant des religieuses, elle pleurait d'émotion. Quelques jours après, elle reprenait son humble emploi de tourière qu'elle n'a plus quitté depuis. (BOISSARIE).

Fiers de quelques expériences faites dans une salle d'hôpital sur des sujets choisis, entraînés depuis longtemps, et sur lesquels ils exercent une espèce d'empire, les médecins incrédules prétendaient expliquer et reproduire tous les miracles, même ceux de l'Evangile, par les phénomènes hystériques et les suggestions hypnotiques. Ils parlaient avec tant d'assurance qu'ils avaient fait une grande impression sur une multitude de gens, qui, partagés entre le désir de s'abandonner à leurs passions corrompues et la crainte des jugements à venir, seraient heureux de ne plus croire à rien et d'être débarrassés d'une religion qui les gêne. Pour les confondre il a suffi de la voix d'un enfant qui a appelé les foules aux roches Massabielles, où s'opèrent journellement des guérisons, en comparaison desquelles les expériences de la Salpétrière et de l'école de Nancy ne sont que des jeux d'enfants.

Aujourd'hui les plus savants et les plus consciencieux sont obligés d'avouer que si parfois ils peuvent faire cesser des contractures, des convulsions, des agitations nerveuses, des paralysies *hystériques*, ils sont complètement impuissants à guérir par les suggestions ou l'hypnotisme, les lésions organiques, les plaies purulentes, les cancers, les tumeurs, la carie des os, etc. etc, c'est à dire, la plupart des maladies qui affligent l'humanité et qu'en somme les guérisons dont les incrédules font tant de bruit, se réduisent à bien peu de chose.

On nous pardonnera cette longue digression qui, nous l'espérons, n'aura pas été sans intérêt pour un grand nombre de nos lecteurs. Mais puisque les impies profitent de toutes les occasions pour attaquer la Religion et nier les vérités de la Foi, pourquoi ne profiterions-nous pas de l'occasion qu'ils nous présentent eux-mêmes, pour démontrer la vanité de leurs orgueilleuses

théories et la fausseté de leurs assertions téméraires.

Maintenant nous revenons à notre sujet. Après
avoir exposé les désordres organiques causés par
l'hystérie épileptiforme, nous allons décrire les
troubles qu'elle produit dans les facultés intellectuelles.

V

TROUBLES PSYCHIQUES DANS LES CRISES HYSTÉRIQUES
AVEC CONVULSIONS.

Quelque graves que soient les troubles organiques causés par l'hystérie épileptiforme ou grande
hystérie, ils ne sont rien en comparaison des
désordres que cette affection produit dans les facultés intellectuelles. On a déjà vu combien, dans
leur état ordinaire ou dans les crises légères, les
hystériques sont impressionnables, susceptibles,
exigeantes, capricieuses, irascibles, vaniteuses,
bizarres, dissimulées, jalouses, emportées. Mais
au demeurant, la perversité chez la malade n'abou-
tit guère à d'autres résultats qu'à la rendre plus
ou moins importune à ses amis et à ses proches.

Habituellement, dans le cours d'un accès de
délire, le langage n'est pas moins bizarre, fantasque, désordonné que ne sont les actes. Si les faits
et gestes se succèdent sans ordre, sans motif, si le
mobile qui les inspire est impossible à découvrir,

de même les mots se suivent souvent incompréhensibles, sans souci aucun de la logique du discours ou de l'intelligence de la phrase.

Parfois certains malades traversent des périodes
de tristesse profonde. Alors elles cherchent à s'isoler dans leur chambre ou dans leur cellule. La
mélancolie chez l'hystérique est presque toujours
le résultat d'idées fixes, d'appréhensions singulières, de craintes sans fondement, se rattachant
à des romans, plus ou moins fantastiques, que
l'imagination bâtit de toutes pièces. Marié cite le
cas d'une jeune hystérique qui, deux mois après
la cessation d'un accès intense, voyait incessam-
ment devant elle la figure de la mort, et cette apparition, dont elle reconnaissait parfaitement la
nature, la jetait dans un trouble et un malaise moral insurmontable. On en voit revêtir des vêtements de deuil. Gen..... se plaisait à mettre sur sa
tête un long voile noir et à se dire la fiancée de la
mort. Il n'est pas rare de les voir alors montrer
une certaine tendance au suicide.

C'est que l'hystérie a fait des progrès ; le trouble cérébral est plus marqué ; ce sont encore les
mêmes symptômes que précédemment, mais plus
prononcés, la mobilité de l'humeur devient insupportable. L'hystérique éprouve davantage le besoin
de se rendre intéressante et d'attirer sur elle l'attention publique. Elle ourdit volontiers des intrigues et exécute des tromperies plus ou moins
habilement calculées. Friande d'esclandres, elle

se complaît dans la médisance et n'épargne pas plus ses parents et ses amis que les indifférents. Le dérangement des facultés cérébrales peut atteindre un degré tel, que, sans être encore un aliéné dans toute l'étendue du mot, l'hystérique devient, si l'on n'y prend garde, un danger pour ceux qui l'entourent et pour le milieu dans lequel elle vit. Le besoin de réclame et de tapage devient tellement impérieux que la malade ne recule pas devant les mensonges les plus éhontés, les plus abominables calomnies, et va jusqu'à la dénonciation, rendant de faux témoignages, prêtant de faux serments, écrivant des lettres anonymes. Elle se dit victime d'attentats monstrueux, accuse, avec une inconcevable audace et sans hésitation, les personnes les plus recommandables et les plus innocentes, affiche des menaces de suicide ou d'homicide, ourdit avec une habileté étonnante les plus étranges complots et se livre aux plus infernales machinations. Il faut qu'elle mente, qu'elle trompe, qu'elle compromette ceux qui vivent autour d'elle, cherchant à nuire et n'y réussissant que trop souvent.

Le docteur Trélat en rapporte des traits épouvantables : « Mme B... a été plusieurs fois internée à la Salpêtrière. Elle y était connue sous le nom de *la Baronne* et y avait chaque fois laissé d'effrayants souvenirs. Son nom était suivi de cette annotation, écrite de la main d'un des administrateurs, M. Pélegot : « *Esprit infernal, capable des plus grands méfaits.* » Et en effet, ajoute le docteur Trélat, je ne connais pas d'exemple d'une vie plus malfaisante, plus nuisible à la Société, » et il raconte en détail les désordres de cette existence licencieuse. Nous ne nous y arrêterons pas : ce qui touche à sa fille est beaucoup plus intéressant pour notre sujet.

« Cette personne, dit le docteur Trélat, qui sait et parle plusieurs langues, qui dessine parfaitement et est bonne musicienne, mène alternativement une existence régulière ou la vie la plus désordonnée et la plus perverse. Quand elle est dans sa phase régulière, elle se présente dans un pensionnat de demoiselles : « Madame, dit-elle à la directrice, avez-vous besoin d'une sous-maîtresse? » Si on lui répond négativement : « Peut- « être, ajoute-t-elle, eussé-je pu vous être utile ; « je sais l'allemand et l'italien ; je dessine et je « suis musicienne. » Et elle dit vrai ; et tout cela est exprimé avec une si grande douceur, avec une modestie si attirante, que si l'on ne peut lui donner de l'emploi dans la maison où elle s'est présentée, on la recommande dans d'autres établissements. Aussitôt que la période de calme est passée, elle se livre au libertinage le plus effréné, aux vols les plus habilement conçus. Elle descend d'un brillant équipage chez un horloger, chez un bijoutier, et se fait apporter des montres, des diamants dans un appartement à double porte qu'elle vient de louer et sous le prétexte de les montrer à sa

mère couchée, dit-elle, dans la chambre voisine,
elle disparaît avec sa proie, laissant dans le salon
ou dans l'antichambre le marchand étonné de ne
voir revenir personne.

« Quelquefois le retour à la vie tranquille se
fait sous une autre forme. Mlle B..., bien rensei-
gnée sur le caractère religieux et sur les pratiques
de dévotion de plusieurs grandes dames du fau-
bourg Saint-Germain, se présente chez l'une
d'elles : « Madame, j'ai eu le malheur de ne rece-
« voir qu'une éducation et une instruction mon-
« daines. On n'a ouvert ni mon cœur ni mon
« esprit aux lumières de la religion ; je sens le
« vide et le malheur de cette situation. Voulez-
« vous, Madame, être mon guide et mon appui
« dans la voie que je commence à entrevoir ? Je
« ne suis point baptisée, Madame, voulez-vous
« être ma marraine ? » — On est prévenu par un
pareil langage ; on reconnaît promptement la
valeur intellectuelle de celle qui parle. Comment
se défier d'une personne qui s'exprime si bien,
qui a tant d'instruction et qui montre de pareilles
dispositions à recevoir les lumières de la foi ? —
On accueille avec bonté cette demande ; on confie
la catéchumène à l'une des plus dignes sœurs de
charité, à la Supérieure d'un bureau de bienfaisance, qui consent à lui donner les premiers enseignements.

« Mlle B... s'agenouille au tribunal de la péni-
tence, et aussitôt elle calomnie, elle diffame l'ec-

clésiastique qui vient de l'entendre. En même temps, elle dit à la Supérieure qu'elle a une communication grave à lui faire et elle rapporte sur les mœurs des religieuses de la communauté des choses qui font frémir. Tout cela est dit avec une telle apparence de candeur et de sincérité, qu'au premier moment la bonne Supérieure ne peut croire ni à la culpabilité des accusés, ni à la perversité de la délatrice, et l'inquiétude et la défiance règnent, pendant quelque temps, dans cette pieuse maison dont rien jusque-là n'avait troublé la paix.

« En 1846, j'apprends que cette fille qui avait déjà subi plusieurs condamnations, était renfermée dans la prison de Saint-Lazare, condamnée à plusieurs années de détention pour les vols les plus audacieux. L'intérêt de mon observation me fait désirer de la voir. Je sollicite et j'obtiens l'autorisation d'aller jusqu'à elle. Je lui demande comment, avec l'intelligence et le savoir qu'elle possède, elle a pu se livrer à des actions si méchantes et si abjectes. — Elle me regarde, le sourire sur les lèvres, mais c'est un sourire de pitié ; elle me répond à peine... Je persiste ; je l'impatiente et elle fait alors gronder à mes oreilles ces orgueilleuses paroles : « Monsieur, je paie ici une « dette. Cette dette payée, la société n'a plus rien « à me demander, et en sortant de cette maison, « je me redresse de toute ma hauteur et je ne « serai pas embarrassée pour vivre en Angle-

« terre, si ce n'est en France ou en Allemagne ou
« partout ailleurs. Je parle toutes les langues de
« l'Europe, Monsieur. En situation pareille, vous
« seriez peut-être plus embarrassé que moi. »
Paroles et audace effrayantes de la part d'un être
animé d'un pareil esprit et doué d'une telle intelligence !

. « Nous l'avons revue encore une fois, deux ans
après l'achèvement de sa peine ; mais tôt ou tard,
le ciel est juste... ; elle portait sur son visage les
stigmates d'une maladie honteuse et elle avait au
front une énorme tumeur. » (TRÉLAT.)

Si la plupart des hystériques ne commettent
pas de grands crimes, il y en a cependant qui,
tout en ayant conscience de ce qu'elles font, ne
sont occupées qu'à préparer et à commettre de
mauvaises actions, à briser et à détruire des objets précieux en faisant planer sur d'autres le
soupçon et l'accusation du mal. D'autres, et quelquefois les mêmes, prennent irrésistiblement un
vif plaisir à organiser des intrigues, à brouiller
et à diviser ceux qui les entourent. On ne saurait
croire jusqu'où peut aller l'habileté de ces hystériques à prévenir les causes qui pourraient s'opposer à la réussite de leurs projets. (TRÉLAT.)

Les hystériques qui se font si souvent voleuses
elles-mêmes, ne se font aucun scrupule d'accuser
telle ou telle personne de leur entourage, d'avoir
dérobé des objets qu'elles ont eu soin de faire disparaître préalablement ou qu'elles ont placés

dans des conditions compromettantes pour celui qu'elles veulent accabler.

« Une pauvre servante, raconte Morel, était accusée de vol par sa maîtresse. J'eus des soupçons, parce que l'accusatrice avait déjà fait chasser plusieurs servantes pour le même fait, et que dans la localité qu'elle habitait, elle avait troublé le repos des familles par des lettres anonymes contenant les choses les plus odieuses et les plus invraisemblables. Sur le rapport de l'expert, l'accusatrice, devenue accusée, fit les aveux les plus complets. Elle avoua avoir fait renvoyer cinq ou six servantes dans les effets desquelles elle avait caché des objets volés par elle à son mari. C'était une hystérique au type héréditaire, et, ajoute Morel, chez ces femmes, les instincts, les penchants sont tels qu'elles éprouvent un souverain bonheur à troubler le repos de leur entourage par leurs mensonges, leurs soupçons compromettants et par des actes de la nature de celui que j'ai cité. » (LEGRAND DU SAULLE.)

« L'accusation que les hystériques portent, avec une prédilection toute particulière, contre les personnes auxquelles elles veulent nuire soit par jalousie, soit par haine, soit par vanité féminine, c'est celle d'attentat aux mœurs. Naturellement, les plus exposés par leur profession à être en butte à de semblables imputations, sont les médecins et les ecclésiastiques ; cela se conçoit du reste, puisque les uns et les autres sont con-

traints par leurs devoirs sociaux à se trouver fréquemment seuls avec des hystériques.

« Ces dénonciations sont heureusement, dans
un grand nombre de cas, faites avec un caractère
assez évident d'imposture pour que nulle suite
n'y soit donnée. Mais, par malheur, il est arrivé
plus d'une fois que les accusés n'ont pu échapper à
la trame serrée d'apparences accablantes dont
une hystérique avait su les environner, et nous
pourrions citer quelques lamentatables méprises
de la justice abusée.

« Marie X., âgée de 26 ans, devait épouser
Martin qui, au dernier moment, revint sur ses
intentions premières et refusa l'union. Marie X...
était très nerveuse, avait souvent des mouvements
convulsifs et de fréquentes syncopes. D'ailleurs
elle était douée d'une audace inouïe et d'un aplomb
imperturbable. Un matin, tous les ceps furent
coupés dans une vigne appartenant à un magistrat
de Besançon. Marie aussitôt dénonça Martin et son
frère, et les deux accusés furent condamnés. Au
bout de quelques mois, Marie montrait des blessures et dénonçait, comme l'auteur de la violence,
un des oncles de Martin. La cour d'assises con-
damnait l'accusé à cinq ans de réclusion. — Peu
de temps après, nouvelles blessures, nouvelle accusation, dirigée cette fois encore contre un autre
oncle de Martin. Un véritable *tolle* se produisit
dans le pays contre le prétendu coupable qui fut
assailli par des imprécations et par des huées et

néanmoins acquitté par le tribunal. — Un jour, la vache de Marie est trouvée avec les pis coupés ; une autre fois, c'est le feu qui prend à sa maison. La pauvre fille devient dès lors l'objet de la commisération publique, l'héroïne de la contrée. On se presse autour d'elle, les secours et les généreuses aumônes viennent de toutes parts. Mais bientôt l'enthousiasme se calme. La mère de Marie court de village en village au devant de la charité et des aumônes qui ne viennent plus spontanément. Puis la défiance se manifeste, la malveillance fait place à l'enthousiasme. Marie est obligée de quitter le pays. Elle entre, comme domestique, chez un cabaretier de Gray, vole et est condamnée. Grâciée à l'occasion d'un grand événement politique, elle revient dans son village près d'Arbois, et épouse un vigneron. Un jour, elle est prise d'attaques d'hystérie, constatées par le docteur Bergeret. Quelque temps après, son mari meurt et on suppose un empoisonnement qu'il est impossible de démontrer ; Marie fabrique un faux testament ; découverte, elle est condamnée à la détention perpétuelle. » (Legrand du Saulle.)

Le fait suivant ne présente pas moins d'intérêt que le précédent. « Il y a dix-huit ans, raconte le docteur Legrand du Saulle qui écrivait en 1882, Mme Sagrera, riche espagnole, âgée de quarante ans, fille d'un père apoplectique et d'une mère mélancolique, donna lieu à une série de procès très regrettables. En proie à des attaques d'hysté-

rie convulsives, cette dame était capricieuse, mobile, indifférente, loquace ; elle tenait des conversations déplacées, racontait des histoires absurdes,
se disputait avec ses domestiques, commettait des
excentricités, avalait parfois des allumettes chimiques et se livrait dans sa correspondance à de
véritables divagations.

« Transférée dans une maison de santé, à Bar-
celone, elle porta contre son mari , ses deux
beaux-frères et trois médecins éminents, les plus
criminelles accusations. Ces six hommes furent
poursuivis, renfermés dans les cachots de Valence
et condamnés les uns à dix-huit, les autres à vingt
années de prison. La peine fut commuée plus tard
en celle de l'exil.

« Un cri de détresse poussé par l'une des victimes de cette grave erreur judiciaire, se fit entendre jusqu'à Paris. Trois médecins éminents
furent chargés par la société médico-psychologi-
que d'étudier cette affaire. Après avoir examiné le
dossier, avec la plus grande attention, pendant
plusieurs mois et avoir eu ensemble de nombreuses conférences, ces docteurs rédigèrent enfin
un rapport très net et extrèmement considérable,
concluant à l'état de folie hystérique de la dame
espagnole et à l'innocence absolue des condamnés. A la suite de ce rapport, ces hommes furent
graciés, réintégrés, réhabilités. L'un des médecins a même été investi depuis de très hautes
fonctions officielles. »

Ceux qui, comme nous, étaient en état de lire les journaux, il y a cinquante ou soixante ans, peuvent se rappeler l'émotion extraordinaire que causa, dans la France entière, l'affaire La Roncière, dont on trouve les détails dans tous les recueils des causes célèbres.

Un jour, Marie de M..., âgée de seize ans, fille du commandant en chef de l'école de cavalerie de Saumur, accusa Émile de la Roncière, lieutenant de lanciers et fils d'un lieutenant-général, de s'être introduit dans sa chambre, au milieu de la nuit, et d'avoir cherché à lui faire violence. A la suite de divers incidents qu'il serait trop long de rapporter ici, le Parquet fut saisi de l'affaire. La Roncière fut emprisonné et, après une longue instruction, comparut devant la cour d'assises. Il avait pour défenseur M⁰ Chaix d'Est-Ange, un des premiers avocats du barreau de Paris. De leur côté, les parents de la jeune fille s'étaient portés partie civile et leur cause était soutenue par l'illustre Berryer et Odilon Barrot. La haute situation des parties en cause, l'éloquence de leurs avocats, tout contribuait à provoquer au plus haut point l'attention publique. Vainement M⁰ Chaix d'Est-Ange chercha à démontrer, d'après des faits constatés par l'instruction elle-même, que la jeune fille était affectée de mouvements nerveux très prononcés, présentant à la fois les caractères de la catalepsie et du somnambulisme, et qu'elle n'en était pas à son coup d'essai, en fait d'inven-

tions aussi mensongères que romanesques. D'où
il concluait que Marie de M... était peut-être
une hallucinée, en proie en tout cas à une névrose,
étrange sans doute, mais certaine. Sur quoi le
docteur Legrand du Saulle ajoute : « Cette affection
que Mᵉ Chaix d'Est-Ange déclarait indéfinissable
en 1835, tout en attestant sa réalité, nous la connaissons aujourd'hui : c'est l'hystérie. »

Par malheur pour l'accusé, il avait de fâcheux
antécédents ; des incartades de jeunesse l'avaient
brouillé avec sa famille ; l'opinion publique était
tout à fait prévenue contre lui et émue de pitié
en faveur de la prétendue victime. Le jury subis-
sant à son insu ce courant d'opinion, subjugué
d'ailleurs par l'éloquence entraînante de Berryer,
déclara La Roncière coupable et la Cour le con-
damna à dix ans de réclusion qu'il subit à Clair-
vaux. Pendant ce temps, la science avait marché, et quatorze ans après, sur le rapport d'Odilon Barrot lui-même, alors garde des sceaux, qui
avait contribué à cette condamnation, La Roncière
fut réhabilité. Dans cette circonstance, la justice
s'était trompée. (Legrand du Saulle.)

« A côté de l'hystérique perverse, calomnia-
trice, dangereuse, il y a, dit le Docteur Legrand
du Saulle, l'hystérique inoffensive, non moins malade, non moins profondément atteinte dans ses
facultés cérébrales ; mais chez laquelle le dérangement intellectuel prend une tournure particulière et consiste dans une piété exagérée et dans

une dévotion sans borne, aboutissant à l'extase. Celle-ci, au lieu de la frapper, comme l'autre, d'une peine excessive, à l'abri de laquelle son étrange état mental devait la placer, on la canonise ! Au lieu de l'envoyer en prison, on lui confère l'auréole ! Erreur dans les deux cas : la seconde n'est, hélas ! pas plus une sainte que la première n'est une criminelle vulgaire... Bien des *Saintes* et des *Bienheureuses* n'étaient autre chose que de simples hystériques. »

Nous avons cité ce passage de M. Legrand du Saulle pour montrer dans quelles grossières erreurs peuvent tomber des gens qui se donnent cependant pour savants, quand ils parlent de la religion. « On voit, nous disait à cette occasion un médecin, aussi bon chrétien qu'habile praticien, que Legrand du Saulle n'a pas la moindre idée de la sainteté et des conditions requises pour la canonisation des saints. Quant aux personnes d'une piété exagérée, qui négligent les devoirs les plus essentiels de leur état pour se livrer à des pratiques singulières de dévotion, loin de les vénérer comme des saintes, les gens sensés les regardent comme des folles ou des cerveaux mal équilibrés. Il n'y a que des ignorants ou des gens sans jugement, qui se laissent tromper par leur conduite bizarre. »

Enfin, au dernier degré, les désordres cérébraux observés chez les hystériques ne consistent pas seulement dans une perversion des facultés affec-

tives et dans des singularités intellectuelles si-
gnificatives. A la bizarrerie de caractère, à la mobilité de l'humeur, à une tendance maladive qui
porte l'hystérique à rechercher le bruit, à occuper
de sa personalité le monde qui l'entoure, s'ajoute
un trouble profond des fonctions intellectuelles,
on a affaire au véritable délire, à la folie.

Les désordres cérébraux, qui constituent la folie hystérique, s'accompagnent souvent des symptômes de troubles organiques que nous avons
précédemment décrits : insensibilité générale ou
partielle, contractures, convulsions, etc., qui constituent les grandes attaques et qui coïncident fréquemment en effet avec la folie hystérique. (LE-
GRAND DU SAULLE).

Ces phénomènes toutefois n'en sont pas un ac-
compagnement obligé. Comme l'a justement remarqué Briquet, le délire peut être le fait dominant et constituer en quelque sorte à lui seul toute
l'hystérie. Morel va même plus loin. D'après lui,
la folie hystérique a d'autant plus de chances
de s'établir, que les autres phénomènes morbides, propres à la maladie, sont moins saillants. « Dans les nombreuses observations de folie
hystérique que je possède, dit-il, il a suffi de
quelques crises, qui se sont produites dans le jeune
âge, pour faire naître une fatale prédisposition à
délirer ultérieurement, dans le sens des actes ex-
travagants que je viens de signaler comme formant un des caractères essentiels de la folie hys-

térique. Rien n'est plus variable que les conditions dans lesquelles elle se développe ; l'âge auquel elle apparaît, les causes prédisposantes et immédiates qui en facilitent ou en provoquent l'éclosion, les conditions du milieu qui sont propres à l'engendrer et à lui imprimer telle ou telle autre allure, sont variables à l'infini... Si la folie hystérique se montre surtout dans la jeunesse, il est possible cependant de la rencontrer à un âge avancé. Morel en a rapporté un exemple remarquable.

« Je fus un jour, dit-il, appelé dans un couvent où l'on recevait quelques femmes malades comme pensionnaires. Parmi elles se trouvait une vieille demoiselle de soixante-cinq ans, qui avait mis toute la communauté en émoi par des cris et des vociférations. Je la trouvai blottie dans un coin de sa chambre, les cheveux épars, et à peu près nue ; elle quittait sa position pour sauter sur les meubles, grimpait après les murs et demandait à grands cris, que l'on chassât le diable qu'elle avait dans le corps. Je la fis transporter à l'asile des aliénés, où des grands bains, des antispasmodiques et quelques potions ramenèrent le calme dans l'état nerveux de cette hystérique qui avait déjà eu plusieurs accès semblables de folie. La première attaque avait eu lieu à la suite d'un mariage manqué et, depuis, cette demoiselle était toujours restée souffrante, névropathique et soumise à de véritables accès hystériques. »

Le plus souvent, le trait dominant du délire con-

siste dans des manies désordonnées. La malade
surprise, quelquefois au milieu d'une période de
santé relative et de calme, d'autrefois à la suite
d'une attaque ou d'une série d'attaques, se livre
aux actes les plus déraisonnables, tout à coup,
sans motif, par une sorte de spontanéité qui n'est
pas l'un des caractères les moins intéressants du
désordre moral.

« Mme M..., raconte Legrand du Saulle, a une
tante aliénée; un de ses oncles s'est suicidé et le
fils de ce dernier s'est brûlé la cervelle pour un motif des plus futiles. Ainsi héréditairement prédisposée, elle eut des convulsions dans son enfance,
une impressionnabilité incroyable jusqu'à l'âge de
la puberté qui fut marquée par des troubles nerveux
graves, sous forme d'attaques de spasmes, etc...
Pendant une période de quelques années, elle se
montra d'une douceur de caractère et d'une égali-
té d'humeur que tout le monde admirait. Elle se
maria et, peu de temps après, on vit éclater de
nouveaux accès convulsifs, suivis de troubles durables de l'intelligence que des médecins consultés n'hésitèrent pas à rapporter à l'hystérie, et qui
s'aggravèrent sous l'empire d'hallucinations ; elle
se plaignait de maux de tête intenses.

Elle était dans cet état, lorsque, en 1843, elle déroba, une première fois des objets de la valeur la plus
minime, rubans, dentelles, épingles, que le lendemain elle porta ostensiblement dans une réunion
publique. A quelque temps de là, elle commit un

vol dans des circonstances analogues. A Paris où elle alla sur ces entrefaites, elle se montra extravagante, incohérente dans ses propos, en contradiction avec elle-même, prêchant l'économie et se laissant aller à des prodigalité inutiles.

Six mois après, elle commet un vol pour lequel elle est poursuivie. C'est après une nuit d'insomnie pendant laquelle elle s'est plainte de maux de tête, de soif, d'inquiétude dans tous les membres, qu'elle est obsédée du désir de soustraire quelque chose. Elle se lève à sept heures du matin, se rend au magasin où elle a l'habitude de faire ses achats et, apercevant une pièce d'alpaga, elle s'en empare, non sans résister quelque temps à cette tentation fatale, ni sans éprouver de terribles angoisses. A peine est-elle sortie du magasin, après avoir caché le larcin sous son manteau, qu'elle est poursuivie par l'idée de restituer ce qu'elle vient de dérober. Elle revient sur ses pas, hésite, tremble et finalement retourne chez elle. Là, elle invite deux lingères à lui confectionner une robe avec cette étoffe, bien qu'elles fussent à même d'en reconnaître la provenance. Croyant son vol découvert, elle supplie les intéressés de lui garder le secret, revient à plusieurs fois chez eux pour s'assurer de leur silence, et, malgré leurs promesses formelles à cet égard, se montre de plus en plus tourmentée. En même temps, elle se livre à des pratiques religieuses avec un redoublement d'ardeur... Apprenant que des poursuites sont dirigées contre elle, elle essaie d'attenter à ses jours. L'appréciation de ces faits dans leur ensemble, ne laisse aucun doute dans l'esprit du médecin expert. En effet, Mme M... avait toujours fait preuve, dans ses moments lucides, d'une moralité absolue. Sa bonté, sa générosité, l'élévation de son caractère étaient reconnus de tout le monde. Elle jouissait de la considération générale et se trouvait dans une position de fortune qui la mettait bien au-dessus du besoin... Pour sacrifier ainsi, en un moment, sa dignité personnelle, la tranquilité et l'honneur de ses enfants qu'elle affectionnait beaucoup, et commettre enfin des vols de si peu de valeur et si peu dissimulés, il fallait qu'elle fût soumise à une impulsion maladive plus forte que sa volonté. Elle était donc irresponsable. »

Il ne faut pas cependant s'attendre à rencontrer chez les hystériques ces impulsions irrésistibles, trop fréquemment observées dans l'épilepsie et qui poussent souvent les malades, avec une extrême violence, aux plus redoutables méfaits. Sans doute il n'est pas rare que la volonté, si profondément atteinte dans l'hystérie, fléchisse et laisse libre carrière à cette singulière tendance qui porte les hystériques à commettre des extravagances. Mais tout se borne le plus souveut à des actes ridicules. Il est assez rare que les choses aillent jusqu'au crime, comme nous l'avons déjà dit. Il s'agit là d'un besoin invincible d'étreindre violemment des objets, de frapper, de déchirer des vêtements, de mordre ou tout simplement d'injurier, de chercher querelle, de taquiner, d'exciter l'impatience ou la colère ; ou bien, c'est une étrange propension à proférer, au milieu d'une conversation d'ailleurs sensée et convenable, des mots absurdes et grossiers, des paroles obscènes ou impies. (LEGRAND DU SAULLE). Le docteur Rosiau a vu une demoiselle hystérique fort pieuse qui, assez fréquemment et toujours involontairement, laissait échapper des blasphèmes dont elle était elle-même scandalisée. Le docteur Itard parle d'une dame qui, au milieu d'une conversation qui l'intéressait vivement, tout à coup, sans pouvoir s'en empêcher, interrompait ce qu'elle disait ou ce qu'elle écoutait, par des cris bizarres et par des mots encore plus extraordinaires, qui faisaient un contraste déplorable avec son esprit et ses manières distinguées. Ces mots étaient, pour la plupart, des juremens grossiers, des épithètes obscènes et, ce qui n'était pas moins embarrassant pour les auditeurs que pour elle, l'expression crue des jugements ou des opinions peu favorables qu'elle portait sur quelques-unes des personnes présentes.

Cependant, si les hystériques ont plus de tendance à se livrer à des actes excentriques et désordonnés qu'à commettre des délits sérieux ou des crimes, il n'en est pas moins vrai que le vol, l'incendie et les attentats criminels, les plus invraisemblables et les plus imprévus, sont quelquefois l'œuvre de ces malades.

Une jeune fille douce, docile, n'ayant jamais donné lieu à la moindre plainte de la part de ses maîtres, après avoir travaillé dans les champs avec une de ses compagnes qu'elle aime beaucoup, lui cherche tout à coup dispute et, quand la pauvre enfant ne lui répond que par des paroles inoffensives, se précipite sur elle et la frappe de son couteau, de sa faucille et de son sabot, jusqu'à ce qu'elle soit morte. Alors elle fuit à travers les champs, sans s'apercevoir que ses mains et ses vêtements sont ensanglantés.

Traduite devant la cour d'assises et interpellée de compléter sa défense, elle répond qu'elle était malade, le jour du malheur, que le sang lui était monté à la tête, qu'elle ne savait ce qu'elle faisait. — Il faut qu'on sache que cette jeune fille qui a tué son amie, un an auparavant, à la nuit tombante, avait annoncé la subite résolution de quitter ses maîtres ; elle partit, sans qu'on pût la retenir, courant la campagne deux jours et deux nuits, couchant derrière les haies, et ne rentra que le troisième jour, sans indiquer le motif de son absence, ni de son retour. — Elle n'en fut pas moins condamnée aux travaux forcés à perpétuité, à l'exposition et à la flétrissure. (TRÉLAT)

« Albertine M... rapporte le docteur Pitres, est âgée de 28 ans. C'est une enfant trouvée ; par conséquent, nous ignorons quelle part doit être faite à l'hérédité dans l'origine des troubles nerveux dont elle est atteinte. Elevée à l'hospice des enfants trouvés de Bordeaux, elle est entrée, à l'âge de 19 ans, comme cuisinière chez un certain M. A... où elle est restée trois ans, souvent tracassée par son maître et se querellant fréquemment avec lui.

Un jour, à la suite d'une querelle plus violente que les autres, elle résolut d'en finir. Elle acheta un pistolet, le chargea de deux balles : « une pour lui, dit-elle, l'autre pour moi. » puis revint à la maison bien décidée à tuer son maître et à se tuer elle-même. Mais quelques paroles aimables de M. A... suffirent pour ébranler ses résolutions. On se reconcilia. Toutefois l'émotion avait été très vive et Albertine eut le jour même la première grande attaque convulsive.

« L'idée du suicide, d'une rupture tragique, à propos de querelles sans importance, le changement brusque de résolutions paraissant définitivement arrêtées, sont des faits communs chez les hystériques. Il en est peu qui n'aient, une fois ou l'autre, tâché de se suicider. Je vous en montrerai trois dans le service, qui ont fait des tentatives de ce genre pour des raisons futiles en apparence. » (Pitres)

Chez les hystériques la tendance au suicide est assez fréquente ; elle apparaît tout à coup, sans se rattacher à rien ; c'est une secousse, une sorte de vertige accidentel, une impulsion, dans toute l'acceptation du mot, qui fait explosion avec une soudaineté effrayante. Le docteur Morel rapporte

qu'une jeune fille de dix-neuf ans, devenue hystérique sous l'influence du dépit que lui causa un
mariage ajourné, au milieu d'une crise formida-
ble causée par un caprice de sa mère, se mit à
délirer avec fureur, s'échappa des mains de ceux
qui l'entouraient et se dirigea rapidement vers
une fenêtre ouverte qu'elle aurait franchie, si l'on
n'était parvenu heureusement à empêcher ce suicide.

Legrand du Saulle parle d'une autre malade qui,
à différentes reprises, a cherché à s'empoisonner
avec des allumettes chimiques, à s'étrangler avec
un cordon de sonnette, et qui manifeste toujours
le désir de se donner la mort.

Mme J..., raconte le docteur Taguet, a toujours
eu une imagination exaltée, amie du mystère et
du merveilleux. Etant en pension, elle n'hésite
pas à commettre un sacrilège pour faire parler
d'elle. Elle enfonce le tabernacle de la chapelle et
s'empare de l'hostie. Mais, en ce moment, un pas
résonne sur les dalles, son cœur l'abandonne, elle
perd connaissance et roule sur les marches de
l'autel. L'affection nerveuse dont elle est atteinte
semble dater de cette époque. Depuis ce temps, elle
se laisse aller aux emportements de son imagination et à des tentatives réitérées de suicide.

« Une jeune fille, raconte M. Delasiauve, d'une
intelligence vive, qu'une éducation soignée et
de nombreux voyages ont développée, a cherché
à se donner la mort en se jetant dans la Seine et

en essayant de s'étrangler. Rien d'uniforme dans sa manière d'être ; elle est tantôt triste, tantôt gaie avec excès ; elle bavarde, chante et est turbulente ; ou bien morne et fâcheuse, elle s'irrite, s'accuse, se désespère... Elle se confine dans sa cellule, se tapit dans son lit, déborde en imprécations et, si la surveillance fait défaut, elle accomplit sur elle-même les mutilations les plus affreuses. Quelquefois elle se cache, fait la morte, ou simule de se pendre ; d'autrefois elle se plaint de tout et de tous, cherche des motifs de querelle, injurie, éclate en sanglots, se roule sur les dalles, se frappe la tête contre les murs. Une fois elle se blesse le poignet, en brisant les vitres de sa fenêtre ; une autre fois, elle se déchire le cou avec ses mains. Dans un accès de rage effrénée, elle s'arrache, avec un morceau de verre ou avec ses dents, les chairs de l'avant-bras et se fait une plaie énorme. »

« En 1852, raconte encore Legrand du Saulle, j'ai connu, à la maison de Charenton, une jeune demoiselle anglaise, hystérique très exaltée qui, à l'âge de onze ans, avait essayé de se couper la gorge avec un rasoir et qui ne cherchait même pas à en dissimuler les horribles cicatrices. Bien résolue à en finir avec la vie, il était évident que la malade recommencerait ses tentatives de suicide. Aussi, lorsque sa famille demanda sa sortie, M. Calmeil, mon chef de service, dut s'y opposer formellement. L'ambassadeur d'Angleterre intervint auprès du préfet de police et toutes les

difficultés furent levées. Deux mois après,
Miss W... avait pu prendre sur ses deux sœurs
un tel ascendant qu'elle les décida à mourir avec
elle ; les trois jeunes filles s'asphyxièrent. »

Pour notre part, rapporte à son tour le docteur
Gilles de la Tourette, nous avons connu une hystérique qui un jour s'introduisit furtivement dans
un laboratoire de chimie et y déroba un flacon de
cyanure de potassium : elle alla ensuite se mettre
au lit, où on la trouva morte quelques instants
après : le flacon vide était resté près d'elle. »

Comme les hystériques échouent souvent dans
l'accomplissement de ce funeste dessein, il y en
a qui prétendent que ces tentatives de suicide ne
sont pas sérieuses, que les hystériques n'ont pas
d'autre but que d'attirer l'attention publique, de
faire du bruit, d'inquiéter leur entourage, de con-
trister leurs amis, de torturer leurs parents, pour
vaincre les résistances qu'on oppose à leurs désirs ;
mais qu'elles s'arrangent toujours de manière à
être empêchées de mettre leur projet à exécution.
(TAGUET) « Un trait commun les caractérise disait
Tardieu, c'est la simulation instinctive, le besoin
invétéré et incessant de mentir sans but et sans
objet, uniquement pour mentir. Une fois engagées
sur cette pente, rien ne saurait les arrêter. L'hystérique ment dans la mort, comme elle ment dans
toutes les circonstances de sa vie ; elle est dans
son rôle. » Nous croyons avec Gilles de la Tourette
que cette opinion est erronée, et les faits que nous

venons de citer en sont la preuve. Il est vrai que, tout entière à son idée de suicide, l'hystérique ne dissimule pas son dessein, qu'elle en fait même parfois étalage, et c'est la plupart du temps une des causes qui fait qu'on intervient pour l'em-pêcher. Mais ces idées de suicide ne sont pas toujours simulées ni ces tentatives toujours vaines.

On sait que les magnétisations, trop souvent répétées, engendrent fréquemment l'hystérie chez les personnes nerveuses, déjà prédisposées. Une jeune servante sur laquelle son maître, grand amateur d'hypnotisme, avait fait de nombreuses expériences, finit par avoir des crises d'hystérie si multipliées, qu'elle fut obligée de quitter sa place et de rentrer dans son village. Dans une de ces crises, elle déclara qu'elle irait se jeter dans la Loire et que personne ne pourrait l'en empêcher. En effet, deux mois après, des paysans rencontrèrent cette infortunée et lui demandèrent où elle allait : « Je vais me noyer » répondit-elle. Ils prirent cette parole pour une plaisanterie, et ils la laissèrent aller. Mais elle avait dit vrai, et le lendemain on retirait son cadavre de la Loire. (CHARPIGNON)

De plusieurs faits qu'il a observés, il ressort bien clairement pour le docteur Pitres que le suicide des hystériques est en général le résultat d'une détermination soudaine, irréfléchie, mais que rien n'autorise à le considérer comme une comédie grossière jouée par des simulatrices, pour se rendre intéressantes ou pour alarmer leur entourage.

« Si les tentatives de suicide faites par les hystériques n'entraînent pas plus souvent la mort, c'est parce qu'ordinairement elles ne sont pas préméditées. Les mélancoliques qui veulent mourir, choisissent, longtemps à l'avance, le moment et les moyens favorables à l'exécution de leur projet. L'hystérique ne réfléchit pas. Pour une contrariété futile, pour un chagrin qu'une personne mieux équilibrée supporterait courageusement, elle prend la résolution de se tuer, et aussitôt elle avale le poison qu'elle trouve sous la main ou se jette à l'eau. Le lendemain, elle est enchantée d'avoir échappé à la mort, elle rit de sa sottise, quitte à recommencer à la première occasion avec la même sincérité et la même imprévoyance dans le choix des moyens. Que faut-il penser des faits de ce genre ? A mon avis, ils s'expliquent mieux par la puérilité du caractère, que par le désir de jouer sciemment des comédies ridicules ou scélérates ; car les hystériques sont de grands enfants qui se déterminent d'après des sentiments fugaces et qui passent, d'un instant à l'autre, de la gaieté à la tristesse, de la douceur à la violence, de l'amour à la haine, ou *vice versa.* » (PITRES).

C'est surtout quand l'hystérique a pris quelqu'un en aversion, qu'elle devient redoutable et cause les plus grands chagrins ; car elle a toutes les audaces. « Incapable de modifier ses vivacités passionnelles, dit Gilles de la Tourette, elle peut tout oser pour faire réussir ses combinaisons, ses plans et ses machinations. Rien ne l'arrête. Si elle n'obtient pas ce qu'elle désire, on la voit porter contre les hommes les plus honorables et les plus innocents, des accusations monstrueuses, et l'art avec lequel elle ourdit sa trame, abuse trop souvent les supérieurs. Nous avons vu précédemment que les attentats à la pudeur étaient le plus souvent l'objet de ses plaintes et que les médecins et les ecclésiastiques, obligés par leur état de se trouver seuls avec elle, étaient surtout exposés à de semblables imputations. Legrand du Saulle en cite de nombreux exemples qui montrent de quoi sont capables des jeunes filles exaltées, et avec quelle réserve il faut accueillir le témoignage des hystériques, naturellement portées à tout exagérer, soit en bien ou en mal, et à prendre trop leurs hallucinations pour des réalités. Nous ne croyons pas devoir les rapporter ici, par considération pour la classe de personnes auxquelles nous nous adressons principalement.

« Il ne faut pas perdre de vue, ajoute Legrand du Saulle, que la grande attaque d'hystérie est assez communément précédée ou suivie d'une période de délire, plus ou moins prolongée. Durant cette période, l'hystérique ne s'appartient pas ; elle est dominée pur des hallucinations, en proie quelquefois à des impulsions irrésistibles... C'est déjà de la folie passagère, transitoire, il est vrai, mais qui n'est pas moins la folie, entraînant à sa suite l'irresponsabilité des actes.

Le jeudi 27 juin 1893, rapporte le *Soleil,* la Cour d'Assises de la Seine jugeait une ancienne fille de brasserie, Blanche Delort, qui, abandonnée par son mari, un sieur Rabet, à cause de son inconduite, lui avait tiré, le 2 janvier dernier, à Vincennes, un coup de révolver dont il mourut.

L'affaire était déjà venue à la session précédente, mais une crise nerveuse de la prévenue que le docteur Floquet déclara être une crise de grande hystérie, obligea la Cour à renvoyer à une autre session les débats de ce procès.

L'accusée, une petite femme, au corps grêle et fluet, un paquet de nerfs, s'est bornée à nier la préméditation de son crime, prétendant qu'elle avait agi dans un moment d'affolement et que, d'ailleurs, elle ne se souvenait plus des circonstances exactes du drame.

A son occasion, une intéressante question a été soulevée, au cours du procès, celle de la responsabilité des hystériques.

Dans l'intervalle de ses deux comparutions devant le jury, la femme Rabet a été soumise à l'examen de MM. les docteurs Brouardel, Motet et Garnier, qui ont conclu à la responsabilité atténuée de l'accusée. Ces éminents praticiens sont venus développer leurs conclusions à la barre et ils ont expliqué que l'hystérie donne en général à

la personne qui en est atteinte, une telle irritabilité qu'elle n'est plus capable de résister aux
impulsions qui la sollicitent. « Suivant nous, ont-
ils ajouté, l'intelligence de la femme Rabet est
très bornée ; il y a eu, en quelque sorte, arrêt
dans le développement de ses facultés intellectuelles ; mais elle n'est pas, à proprement parler,
atteinte de démence. »

A peine avaient-ils terminé leurs explications,
que l'inculpée a été en proie à une nouvelle crise.
Elle s'est roulée dans le banc des accusés, secouée
de mouvements nerveux et de spasmes. Il a fallu
cinq gardes pour emporter son corps raidi, qui se
tordait en arc de cercle.

Une demi-heure après, la crise passée, les
débats ont pu continuer.

Après un réquisitoire modéré de M. l'Avocat
Général Laffon et une éloquente plaidoirie de
Me Henri Robert, la femme Rabet a été acquittée.

Elle est immédiatement reprise d'une crise
d'hystérie.

Mais, après les grandes crises d'hystérie, il
n'est pas rare de voir la malade revenir à un état
normal ou à peu près normal, qui lui laisse la
libre disposition de ses facultés. Cette hystérique
qui, tout à l'heure, au moment de la crise nerveuse, était irresponsable au premier chef, do-
miné qu'était son esprit par les idées délirantes
les plus étranges, raisonne maintenant, juge et
apprécie les choses comme tout le monde. C'est

que, comme l'a dit un auteur, « l'hystérie qui touche si profondément aux facultés affectives, respecte l'intelligence ; la raison assiste à la ruine du cœur. L'hystérique a souvent, le plus habituellement même, gardé une impressionnabilité excessive, une vivacité de sensation remarquable ; mais, au demeurant, le trouble des facultés intellectuelles est peu prononcé ; il ne l'est pas assez, à coup sûr, pour que l'hystérique ne jouisse pas d'un discernement suffisant pour guider sa conduite, et les facultés affectives, en dehors des crises, ne sont pas tellement troublées, que la malade ne puisse opposer aux excitations du dehors, aux penchants mauvais, une suffisante résistance.

Ainsi, de ce qu'une femme est hystérique, il n'en faut pas conclure qu'elle soit nécessairement irresponsable ; une même malade peut encore, suivant les heures, jouir de la responsabilité à peu près entière ou de l'irresponsabilité la plus absolue... Le plus souvent, l'hystérie entraîne avec elle une atténuation de culpabilité ; c'est que, si les facultés intellectuelles, comme nous l'avons vu plus haut, conservent habituellement leur intégrité dans la névrose, le trouble des facultés affectives est le plus ordinairement poussé assez loin pour exercer une puissante influence dans l'accomplissement des actes incriminés. Chez la plupart des hystériques, la liberté n'est pas morte, mais elle est malade. Il n'y a pas irresponsabilité absolue, mais la responsabilité est assez atténuée

pour entraîner le bénéfice des circonstances atté-
nuantes. (LEGRAND DU SAULLE.)

Disons, en terminant ce chapitre, que l'hystérie peut évoluer d'une façon tout à fait irrégulière, se traduisant aujourd'hui par des manifestations graves et présentant le lendemain une
rémission plus ou moins prolongée, à la suite de
laquelle réapparaissent les accidents pour disparaître ensuite de nouveau... Les intermissions
peuvent se prolonger parfois fort longtemps. On
en a vu qui avaient duré dix, quinze et même
vingt ans. Puis les phénomènes disparus renais-
saient tout à coup, sous l'influence des causes qui
en avaient antérieurement déterminé l'apparition.

Rappelons enfin que, dans beaucoup de cas, il suffit d'une frayeur, d'une surprise, d'une contrariété,
d'une émotion vive, pour amener une crise de
grande hystérie ou d'hystérie épileptiforme, chez
une malade qui jusqu'alors n'avait présenté que
quelques vapeurs, de légers spasmes, un peu
d'insensibilité passagère. Le docteur Pitres en cite
plusieurs exemples qui montrent, avec quelle prudence et quelles précautions, il faut traiter les
jeunes filles prédisposées à cette névrose.

« L'hystérie d'origine émotive, dit-il, est surtout fréquente chez les femmes. Les chagrins
violents, les frayeurs, les contrariétés, les colères, les ébranlements psychiques, de quelque
espèce qu'ils soient, peuvent, chez les sujets pré-

disposés, donner naissance à des accidents hystériques.

« Marie M... a fait ses débuts dans l'hystérie à
la suite d'une violente frayeur. Elle avait alors
dix-sept ans et habitait la campagne. Un mon-
treur d'ours vint à passer dans le village ; elle alla
voir les exercices et se faufila dans la foule des
spectateurs jusqu'à ce qu'elle fût au premier
rang. L'ours en dansant passa si près d'elle, que le
museau glacé de l'animal frôla la joue de la jeune
fille. Marie eut peur et s'enfuit précipitamment
chez elle, et, à peine arrivée, tomba sans connaissance sur son lit, en proie à des convulsions
et à une agitation délirante des plus vives. Depuis
lors, les attaques se sont reproduites un grand
nombre de fois, et toujours le délire qui les accompagne roule sur la frayeur causée par le contact de l'ours.

« Théophile S... a eu sa première attaque convulsive à seize ans. Elle était dans une maison
d'éducation dirigée par des religieuses. Une de
ses maîtresses étant morte, elle demanda à passer
la nuit dans la chambre mortuaire. Malgré l'émotion que lui causait le voisinage d'un cadavre, elle
s'endormit profondément. Vers le milieu de la
nuit, une religieuse lui frappa sur l'épaule. Théophile croyant que c'était la morte qui venait la
réveiller, poussa un grand cri et eut sur-le-champ
une grande attaque de nerfs qui ne dura pas
moins de cinq à six heures.

« Marie A... était sur le point de faire sa première communion. Elle avait caché à son confesseur ses habitudes vicieuses. Au milieu d'un sermon dans lequel le prédicateur parlait avec véhémence des tourments de l'enfer, elle fut épouvantée par le souvenir de ses fautes, perdit connaissance et eut, dans l'église même, sa première attaque convulsive.

« C'est à l'âge de seize ans, que se montrèrent chez Elisabeth R... les premiers accidents hystériques sérieux. Voici dans quelles circonstances : Elisabeth assistait à une classe d'histoire et de géographie ; la maîtresse parlait des éruptions volcaniques : elle racontait comment les villes d'Herculanum et de Pompéi avaient été ensevelies sous les laves et les cendres. Un grand tableau, placé dans le fond de la classe, représentait le Vésuve vomissant des torrents de flammes. Elisabeth fut très émue et eut aussitôt des convulsions et du délire. Elle s'enfuit épouvantée, croyant voir du feu partout. Son agitation fut telle qu'on dut la placer, pendant quelque temps, dans un asile d'aliénés.

Amélie H... était âgée de vingt-un ans et jouissait, en apparence, d'une bonne santé, quand un jeune homme, qu'elle aimait beaucoup, la demanda en mariage ; sa mère s'y opposa. Il en résulta une querelle violente entre la mère et la fille, querelle à l'occasion de laquelle Amélie eut une grande crise de nerfs, suivie d'une paralysie du côté

gauche, de vomissements de sang et d'une inter-
minable série d'accidents hystériques.

« A peu près la même chose est arrivée à Alix
S..., à l'âge de dix-sept ans.

« Jeanne M... avait vingt ans, quand ses parents la sommèrent d'épouser un jeune homme
qu'elle n'aimait pas. Elle refusa obstinément.
Pour vaincre sa résistance, on employa en vain la
persuasion et la violence. Un jour, après une
querelle bruyante, ses parents irrités la mirent à
la porte de chez eux. Aussitôt après, Jeanne eut
une attaque convulsive, à grand fracas, qui dura
deux heures, et depuis lors, elle a toujours été
plus ou moins souffrante d'accidents hystériques
variés.

« Dans tous les cas que je viens de citer, l'hystérie a débuté immédiatement après l'émotion.
Quelquefois il y a entre la cause et l'effet un intervalle d'un ou plusieurs jours. A l'âge de quatorze ans, Anaïs L... était en apprentissage dans
un magasin de nouveautés. Un dimanche matin,
elle alla à l'église avec une de ses compagnes. Un
homme, placé à son côté, tomba tout à coup fou-
droyé par une attaque d'apoplexie. Anaïs fut très
émue par le spectacle de cette mort subite. Elle
n'eut cependant aucun accident immédiat ; mais
l'image du mort était sans cesse présente à son
esprit : elle y pensait le jour, elle y rêvait la nuit.
Le samedi suivant, à neuf heures du matin, en
arrivant à son atelier, elle éprouva un grand mal

d'estomac, et sentit comme deux mains qui lui
serraient la taille, au point de l'étouffer ; puis elle
perdit connaissance, en proie à des convulsions
qui durèrent jusqu'à deux heures de l'après-midi.
A partir de ce jour, des attaques analogues se sont
reproduites à des intervalles variables, tantôt sans
cause connue, tantôt sous l'influence d'une émotion ou d'une contrariété. » (PITRES.)

Dans toutes les agglomérations humaines, il y
a un certain nombre de personnes nerveuses plus
ou moins prédisposées à l'hystérie et susceptibles
de devenir franchement hystériques, sous l'influence de causes accidentelles banales.

Lorsque plusieurs jeunes filles se trouvent
réunies dans un pensionnat, un couvent, un atelier, une salle d'hôpital, il arrive assez souvent,
si l'une d'elles vient à avoir des accidents hystériques, que plusieurs autres deviennent sujettes,
immédiatement ou peu de temps après, à des accidents semblables à ceux qui ont frappé la première. Il n'est pas besoin, pour expliquer ces petites épidémies, d'invoquer la contagion, il suffit
de se rappeler que la prédisposition à l'hystérie
est commune, et que, chez les sujets prédisposés,
toute émotion morale peut donner lieu à l'explosion des symptômes de la névrose, et que la vue
d'une malade en proie à des attaques convulsives
ou à des accès de délire, est, après tout, un spectacle assez émouvant pour frapper très vivement
l'imagination des personnes qui en sont témoins.

« Au moyen âge, les idées religieuses absorbaient tous les esprits. L'art fournissait partout l'expression plus ou moins terrifiante du démon... Aussi, à cette époque, la plupart des hystériques étaient des démoniaques : leurs délires, leurs hallucinations roulaient presque toujours sur des sujets religieux. Aujourd'hui, les idées dominantes sont d'une autre nature : les entraînements du cœur, les affections contrariées, tiennent beaucoup plus de place dans les préoccupations morales des jeunes filles que les sentiments mystiques. Les manifestations psychiques de l'hystérie se sont modifiées en conséquence. Mais il n'y a là qu'une différence apparente ; la maladie est restée la même. » (PITRES.)

CHAPITRE III.

Inconvénients résultant de l'admission des hystériques dans les Communautés religieuses.

I

CONSIDÉRATIONS GÉNÉRALES SUR L'ADMISSION DES HYSTÉRIQUES.

Après avoir décrit les funestes effets produits par l'hystérie et dans les organes des sens et dans les facultés de l'âme, il est inutile, ce semble, d'insister longuement sur les ennuis, les embarras et les désagréments de toute espèce auxquels s'expose une Supérieure, en admettant trop facilement des hystériques dans sa communauté. Et cependant, il y a bien peu de maisons qui ne renferment des sujets plus ou moins impressionnables, plus ou moins nerveux, disons le mot, plus ou moins hystériques. C'est que ces personnes ont quelque chose de si attrayant, de si séduisant au premier abord, que beaucoup de Supérieures s'y laissent prendre. En effet, cette maladie qui trouble si profondément les facultés affectives et annihile, en quelque sorte, la volonté, respecte les facultés intellectuelles. Si elle ne donne pas l'intelligence à celles qui en sont dépourvues, comme quelques-uns l'ont prétendu, si elle ne fait pas d'une idiote une femme d'esprit, il semble que l'état d'agitation nerveuse, où ces malades sont presque continuellement, surexcite leur intelligence. Elles s'expriment avec facilité, ont des aperçus ingénieux, des réflexions charmantes et répondent avec vivacité et avec finesse aux questions captieuses que parfois on leur adresse. Presque toujours, elles exécutent dans la perfection les ouvrages manuels les plus délicats ; la plupart excellent dans la peinture et dans la musique ; aussi presque partout sont-elles chargées de toucher l'orgue et de diriger le chant. Actives, gracieuses, enjouées, complaisantes, elles sont généralement aimées par ceux qui n'ont que des rapports passagers avec elles. Comment ne pas accueillir avec empressement une personne qui se présente avec des dehors si attrayants et qui pourra rendre de grands services ?

Mais, sous ces belles apparences, se cachent des défauts qui ne tardent pas à mettre le trouble dans la Communauté. Si, comme l'a dit un docteur, l'hystérie est la plaie de bien des ménages, on peut dire qu'elle est le fléau de bien des Communautés.

Que de malheurs intimes, que de scènes regrettables, que de fâcheux scandales n'eût-on pas évités, en refusant, ou du moins en retardant l'admission, jusqu'à la guérison de la maladie ! On oublie trop souvent, lorsqu'on reçoit une hystérique, que le fond même de son caractère, c'est la mobilité, l'impressionnabilité excessive, la susceptibilité la plus accusée et la plus irréfléchie ; qu'il est dans la tendance de son esprit de s'inquiéter sans motif, de soupçonner ceux qui l'entourent, de rêver les plus chimériques éventualités ; qu'elle est irascible, injuste, violente, qu'elle récrimine avec aigreur, se plaît au bruit, aux pleurs, aux extravagances, fait volontiers parade des passions qui la dominent, amour ou haine, jalousie ou orgueil. Comment veut-on qu'avec un pareil état mental une hystérique ne mette pas le trouble partout où elle se trouve ?

II

CONDUITE DE L'HYSTÉRIQUE EN COMMUNAUTÉ.

Pour se faire une idée des ennuis et des désordres que peut causer la présence d'une hystérique, il suffit d'examiner la conduite qu'elle tient ordinairement en arrivant dans une maison.

Nous ne parlons pas, en ce moment, de la postulante et de la novice ; nous nous en occuperons dans le chapitre suivant ; nous parlons seulement de la religieuse qui, après avoir prononcé ses vœux entre les mains de la Supérieure générale, est envoyée dans un des établissements de la Congrégation.

La passion dominante de toutes les hystériques, avons-nous vu, c'est de se faire remarquer et de donner une haute opinion de leur personne, de leur capacité, de leur science et de leur vertu. Quelle que soit sa bonne volonté, la religieuse hystérique n'échappe pas plus que les autres à ce triste penchant. Aussi le premier besoin qu'elle éprouve, sans se rendre bien compte du motif qui la fait agir, c'est d'édifier tout le monde par sa régularité et par sa ferveur, c'est d'observer la règle jusque dans ses plus petits détails ; elle est la première rendue à tous les exercices ; elle accepte avec empressement les fonctions les plus pénibles ; plus ces fonctions présentent de difficultés, plus elle paraît heureuse d'en être chargée ; prévenante, attentive, obligeante, elle a des paroles aimables pour toutes ses compagnes. Comment ne pas aimer une personne aussi gracieuse, aussi zélée, aussi édifiante? on la vénère, on chante ses louanges, on la regarde comme un trésor pour la Communauté. C'était au fond ce qu'elle voulait, ce qu'elle cherchait inconsciemment, se faisant illusion à elle-même et croyant en tout cela n'agir que par amour pour Dieu.

1° L'Hystérique illuminée et visionnaire. — Il n'est pas rare de voir une hystérique se livrer avec ardeur à des pratiques d'une piété exagérée et mal entendue, s'imaginer qu'elle est très avancée dans les voies de la perfection ; insinuer, et peut-être finit-elle par se le persuader à elle-même, qu'elle est favorisée de révélations extraordinaires, que Notre-Seigneur, la très Sainte Vierge, son ange gardien ou quelque autre saint, lui apparaissent et lui font toutes sortes de communications, lui recommandent certaines pratiques ou lui révèlent certains secrets. D'autres fois, c'est le démon qui la tourmente et la maltraite cruellement ; et elle montre les traces des coups qu'elle en a reçus. C'est que, dans son délire, elle va jusqu'à se frapper et à se déchirer elle-même de la manière la plus affreuse, et elle le fait avec d'autant plus de facilité que, la plupart du temps, elle est insensible à la douleur, et qu'elle peut se piquer, se brûler, se mutiler, sans éprouver la moindre souffrance. Quel est le confesseur qui n'a pas rencontré, dans l'exercice du saint ministère, des personnes qui avaient eu, prétendaient-elles, des visions merveilleuses, entendu des voix mystérieuses, reçu des ordres inattendus ?

Une jeune fille de Strasbourg, âgée de vingt-trois ans, du nom de Marie H..,, délicate, douée d'une jolie figure, pleine de douceur, ayant les yeux brillants, était sujette à des extases, pendant lesquelles elle entendait, disait-elle, des voix mystérieuses, angéliques, qui chantaient un très vieux cantique alsacien.

Un jour, les voix lui ayant ordonné de plonger la main dans un réchaud ardent, elle se leva aussitôt, alluma le réchaud et y tint la main pendant fort longtemps. Les voisins, attirés par un bruit et une odeur insolites, enfoncèrent la porte et la trouvèrent convenablement vêtue, le bras étendu sur le brasier. Elle était à genoux et chantait le cantique que les voix mystérieuses lui avaient appris. On s'empressa de l'arracher à ce supplice. Le bras était presque entièrement calciné. On la transporta à Sainte-Anne. Le chirurgien jugeant la situation de l'extatique extrêmement grave, lui annonça que l'amputation du bras malade était nécessaire. — « Ce que Dieu voudra, répondit-elle en souriant, coupez mon poignet. » On essaya inutilement de l'endormir avec de l'éther. La jeune fille chantait le vieux cantique pendant l'opération et son visage rayonnait d'une joie inexprimable. « J'ai souffert, dit-elle au chirurgien, mais il le fallait pour les anges, pour les voix que j'ai entendues et que j'entendrai encore. » Elle s'est endormie peu après, en répétant toujours les paroles du cantique. (LEGRAND DU SAULLE).

Dans un ordre d'idées différent, mais toujours sous l'influence de l'hystérie « on a vu, raconte Tardieu, une jeune fille très bien née, pour se punir du péché d'orgueil et ne se laissant pas convaincre par les conseils du directeur éclairé qui combattait ses scrupules exagérés, quitter un jour la maison paternelle, changer ses habits pour des haillons de chiffonnière, se procurer les attributs de son nouveau métier et l'exercer pendant toute une semaine dans les rues de Paris. »

D'autrefois, en proie à une espèce de somnambulisme, la religieuse hystérique va se tapir dans un coin où l'on ne s'imaginerait jamais qu'une personne pourrait se tenir; elle y reste blottie, immobile, pendant des heures et des journées entières. Vainement on la cherche de tous côtés, on ne peut la découvrir; on ne sait ce qu'elle est devenue ; la Communauté est dans la consternation ; quand tout-à-coup on la voit apparaître, soit au réfectoire, soit à la chapelle, soit à la chambre commune. Si on lui demande où elle était, d'où elle vient ? Elle répond que c'est le démon qui l'a transportée, tantôt au milieu d'une grande ville, tantôt dans un affreux désert rempli de serpents et d'animaux féroces : Mais, comme elle n'avait pas cessé d'invoquer la Sainte Vierge et son Ange gardien, le démon vaincu a été contraint de la rapporter où il l'avait prise. Est-ce à dire que cette religieuse ment effrontément ? Non, répondent Charcot, Pitres, Gilles de la Tourette et beaucoup d'autres, elle est la dupe de ses propres illusions. C'est une hallucinée qui raconte simplement, sans aucune intention de tromper, ses rêves devenus pour elle des réalités. Cependant, émues par ce récit fait avec toutes les apparences de la

sincérité, les âmes simples et naïves regardent de
plus en plus cette religieuse comme une sainte ;
lui soumettent leurs embarras de conscience et la
consultent dans les circonstances difficiles ; elle
devient l'oracle de la Communauté. Un examen
attentif de l'ensemble de sa conduite, de ses habitudes, de ses discours, font bientôt reconnaître à
un homme prudent que dans ces prétendues révélations, il n'y a rien de surnaturel, que ce ne sont
que des hallucinations d'un esprit malade, si
même elles ne proviennent pas de la supercherie.
Car l'hystérique, même religieuse, éprouve un tel
besoin de se singulariser, de jouer un rôle, de dramatiser sa vie, qu'elle ne pourra pas toujours
résister à la tentation de recourir à une fraude
inoffensive pour attirer l'attention ; et une fois
engagée sur cette pente de la dissimulation, dit
Taguet, on ne peut plus l'arrêter, d'autant moins
qu'elle ne se reproche pas sa conduite, tant est
grande l'aberration de son esprit.

Un jour, c'était en 1832, alors que la France
entière était dans un état d'effervescence politique, Sœur G..., depuis assez longtemps professe
dans une Communauté très sévèrement cloîtrée,
se mit à raconter aux autres religieuses, pendant la récréation, ce qui se passait à Rome, à
Paris, à Lyon, etc., etc. Elle annonça que la du-
chesse de Berry était en France et que la guerre
civile allait éclater en Vendée et en Bretagne. On
était dans la stupéfaction. On se demandait com-

ment une religieuse qui n'avait aucune relation avec le dehors, qui n'allait que très rarement au parloir et qui, si par hasard elle y était appelée, ne s'y rendait jamais seule, et pendant la visite ne s'entretenait que de choses pieuses et édifiantes, sans jamais dire un mot de politique, était ainsi au courant de tout ce qui se passait en Europe. Quand on l'interrogeait sur ces communications extraordinaires, elle répondait humblement qu'elle ne pouvait ni expliquer ni dire comment elle avait ces connaissances. D'ailleurs, en la voyant si modeste, si recueillie, si fervente, si exacte à observer tous les points de la règle, on commençait à croire qu'elle était favorisée de révélations surnaturelles. Comme elle était d'une santé débile et qu'elle était souvent gravement malade, on projetait déjà, quand elle mourrait, de l'inhumer dans un lieu à part et d'élever sur sa tombe un petit monument, lorsque, au grand scandale de la Communauté, on découvrit que Sœur G... recevait des journaux qu'une amie lui faisait passer par un tout petit caniveau, ménagé dans le mur, à l'extrémité du jardin, du côté de la campagne, pour l'écoulement des eaux pluviales. Le charme était rompu ; les révélations cessèrent. Inutile d'ajouter que cette supercherie fut sévèrement punie.

2° L'HYSTÉRIQUE INTRIGANTE. Si l'hystérique illuminée et visionnaire est une exception, l'hystérique intrigante se rencontre partout. A peine est-elle arrivée dans une maison qu'elle se met à étudier, avec une perspicacité singulière, tout le personnel de la communauté, à commencer par la supérieure, et, si elle découvre en celle-ci quelque côté faible, elle en tirera parti avec une prodigieuse habileté. Que n'en obtiendra-t-elle pas, si elle réussit à capter sa confiance et son affection ! Aussi n'épargne-t-elle rien pour y parvenir. Elle est pleine de prévenances et d'attentions pour elle, elle ne la quitte que le moins possible ; elle saisit avec empressement et au besoin fait naître les occasions de s'entretenir avec elle en particulier. Sous prétexte de la consulter, de lui ouvrir son âme, de lui confier ses embarras de conscience, elle se rend à chaque instant auprès d'elle ; protestant sans cesse de sa confiance, de son affection, de son entier dévouement ; le tout entremêlé de compliments et de douces flatteries auxquelles les personnes, même les plus parfaites, ne sont jamais complètement insensibles. Les supérieures prudentes ne se laissent pas prendre à tous ces beaux dehors et se tiennent sur la réserve. Mais si, par malheur, la supérieure est sans expérience ou d'un caractère faible, bientôt elle ne verra plus que par les yeux de cette aimable sœur dont elle n'a pas tardé à faire sa confidente. Enlacée dans les filets d'une trame habilement ourdie, elle croit encore agir par elle-même, quand déjà elle ne suit plus que les inspirations de cette enchanteresse qui sait adroitement la conduire à ses fins et lui imposer ses volontés et ses caprices, mais qui le fait si subtilement, d'une main si douce et si légère, que la pauvre supérieure ne s'aperçoit pas que si elle conserve encore son titre, c'est une autre en réalité qui en exerce les fonctions.

Arrivée à ce point, notre hystérique ne tarde pas à s'affranchir de la contrainte qu'elle s'était imposée à son arrivée et qui était si opposée à sa nature mobile : elle rejette sur le mauvais état de sa santé, ses infractions à la discipline ; elle simule diverses maladies qui ne lui permettent pas de suivre le régime de la communauté ; il lui faut un régime à part, des mets recherchés, des vins généreux ou aromatisés pour fortifier son estomac délabré ; elle ne peut plus se lever à l'heure ordinaire, elle a trop grand besoin de dormir le matin. La bonne supérieure gémit bien un peu de toutes ces faiblesses, mais que peut-on refuser à une sœur si intelligente, si active, si aimante et si dévouée ?

Cependant, plus on lui cède et plus elle devient exigeante. Se sentant soutenue par la supérieure, elle commence à faire sentir à ses compagnes le poids de son autorité usurpée.

L'hystérique éprouve un tel besoin de paraître et de se faire remarquer, que, s'il entre dans la communauté quelque grand personnage : l'évêque, le supérieur général, elle trouvera moyen de se montrer, de se mettre en avant, et, tandis que

toutes ses compagnes gardent un silence respectueux, elle prendra la parole et se permettra de
faire des réflexions singulières ou d'adresser au
visiteur des questions indiscrètes. Aussi les personnes qui ont quelque expérience des effets de
l'hystérie, ne sont pas longtemps à distinguer les
religieuses plus ou moins atteintes de cette maladie.

Comme elle se croit supérieure à toutes les
autres en science et en intelligence, elle trouve
partout à critiquer et à condamner; elle tourne
en ridicule tout ce qui se faisait jusqu'alors; elle
veut imposer de nouveaux usages et de nouvelles
méthodes qui ne sont le plus souvent que le produit de son imagination déréglée. Malheur à la
religieuse qui ne paraît pas approuver ses idées
et ses plans ; elle la prend aussitôt en aversion.
A partir de ce moment, il n'est pas d'insinuations
perfides, d'accusations mensongères qu'elle n'invente contre elle; elle travestit toutes ses paroles,
incrimine tous ses actes et lui attire toutes sortes
de désagréments. Elle la dépeint aux supérieurs
comme animée d'un mauvais esprit, opposée aux
meilleures mesures, odieuse à toute la communauté. Plus d'une fois, une pauvre religieuse, victime de ces menées artificieuses, a été changée de
maison, parce qu'elle ne se prêtait pas avec assez
d'empressement à ses ridicules combinaisons.
Quand, à la fin, la supérieure désabusée veut mettre un frein à ses fantaisies et refuse de l'écouter

plus longtemps, alors la scène change subitement. Cette religieuse, jusque-là si humble et si obéissante, devient tout à coup arrogante et intraitable ; à la moindre observation, elle se révolte, éclate en plaintes, en récriminations, en menaces ; et celle qu'on regardait tout d'abord comme une perfection devient un objet de scandale pour la Communauté. Bientôt il ne reste plus à la Supérieure d'autre ressource que de demander le changement d'une Sœur qui ne veut rien écouter et qui met partout le trouble et la confusion.

3° L'HYSTÉRIQUE ET LES AMITIÉS PARTICULIÈRES. Si malgré tous ses efforts, l'hystérique ne parvient pas à capter la confiance et l'affection de sa Supérieure, elle cherche bientôt à s'attacher quelqu'une de ses compagnes, dont elle fait son intime amie et sa confidente. Jamais elle n'est plus heureuse que quand elle se trouve tête-à-tête avec elle, et qu'elle peut lui confier, tout à son aise, ses joies ou ses peines, sss craintes ou ses espérances, ses succès ou ses déceptions ; elle n'a pcint de secrets pour elle. Aussi voudrait-elle, s'il était possible, l'avoir sans cesse à ses côtés pour lui communiquer ses impressions sur ce qu'elle a vu, sur ce qu'elle a appris, sur ce qui se passe daus la Communauté. Elle sait si bien la gagner par ses paroles gracieuses, par ses attentions, que bientôt elles deviennent inséparables. C'est à tel point que si par hasard elle la voit s'entretenir familièrement avec une autre compagne, elle ne peut se défendre d'un mouvement de dépit et de jalousie, comme si cette sœur préférée ne devait vivre et n'avoir d'attentions que pour elle. Toutefois quelque ardente que soit cette affection, elle n'a rien de charnel. Comme le dit Esquirol, elle réside dans la tête, dans l'imagination, dans les affections vives du cœur, mais chastes et honnêtes, les sens n'y ont aucune part ; au moment même où l'hystérique prodigue à sa compagne les marques de la plus tendre affection, elle montre une horreur extrême pour tout ce qui serait contraire à la pudeur la plus délicate.

La Supérieure connaît trop bien les funestes effets de ces liaisons intimes et de ces amitiés particulières, défendues par la règle, pour ne pas y mettre un terme, elle interdit à ces deux religieuses tout tête-à-tête et toute conversation à l'écart. Elles sont d'abord désolées ; puis bientôt, tout en ayant l'air de se soumettre, elles inventent toutes sortes de moyens pour continuer leurs rapports et se communiquer leurs chagrins. Les difficultés qu'elles rencontrent ne font, ce semble, qu'exciter leur passion. Si elles ne peuvent parler, elles s'écrivent. Enfin, si on les met dans l'impossibilité de se voir et de s'entendre, elles finissent par perdre l'esprit de leur vocation et quelquefois même par quitter la Communauté.

Sœur M..., âgée de vingt-quatre ans, avait reçu une excellente éducation ; douce, gracieuse, spirituelle, obligeante, elle était aimée de toutes ses compagnes. Toutefois d'une constitution très impressionable, elle éprouvait de temps en temps des crises d'hystérie, mais sans gravité et sans convulsions, et qui ne consistaient guère que dans des accès, quelquefois de gaieté folle, plus souvent de tristesse et de mélancolie, avec un penchant très prononcé pour des amitiés particulières. Elle avait déjà été plusieurs fois changée de maison à cause de cette transgression à la règle, lorsque, pour le même motif, elle reçut l'ordre de se rendre dans une autre Communauté. Froissée, chagrine, énervée par ces changements successifs, elle n'accepta qu'avec une extrême répugnance sa nouvelle position ; tout lui coûtait, tout l'agaçait, tout lui déplaisait. Vainement la Supérieure, touchée de compassion pour son triste état, mit tout en œuvre pour calmer cette âme agitée, la traitant avec bonté, la supportant avec patience, la reprenant avec douceur, tâchant de la gagner par ces attentions délicates dont les femmes seules ont le secret ; tout fut inutile ; son esprit s'était aigri, elle ne voulut rien entendre. Par malheur elle rencontra une sœur dans les mêmes dispositions ; elles ne tardèrent pas à se lier intimement et à se communiquer leurs chagrins et leurs prétendus sujets de mécontentement. A les entendre, elles avaient à se plaindre de tout le monde, à chaque instant on les vexait et on leur faisait mille avanies. Bref, elles se montèrent tellement la tête, qu'au bout de quelque temps, trouvant la vie de Communauté insupportable, elles quittèrent un jour le couvent, sans rien dire à personne. Comme sœur M... avait quelque fortune, elles se retirèrent dans une ville voisine et pendant un an elles vécurent ensemble dans un appartement qu'elles avaient loué, ne se quittant que le moins possible. Au bout d'un an, l'ennui prit nos deux religieuses, elles étaient fatiguées l'une de l'autre ; elles se séparèrent. Sœur M... se retira auprès de sa famille, regrettant amèrement sa Communauté.

C'est que ces amitiés, si fortes en apparences, reposent sur un fondement peu solide. L'hystérique est foncièrement égoïste, et quand elle s'attache à quelqu'un, ce n'est pas par intérêt ou par dévouement pour la personne qu'elle a prise en affection, mais parce qu'elle y trouve son avantage et son plaisir. Si, pour une cause ou pour une autre, elle est obligée de s'en séparer, elle oublie bien vite cette compagne tant aimée, pour former une nouvelle liaison. Elle écrit encore à son ancienne amie quelques lettres remplies de protestations d'une affection qui ne s'éteindra jamais, mais il est facile de voir que le cœur n'y est plus ; la correspondance devient de plus en plus languissante, jusqu'à ce qu'elle cesse tout-à-fait.

Au reste, les religieuses hystériques en viennent rarement à cette extrémité et à quitter leur couvent ; soit que les occasions leur manquent, soit que d'autres considérations les arrêtent.

Comme la névrose n'affecte pas leur intelligence, elles se rendent bien compte qu'elles ne sauront que faire et que devenir, quand elles seront rentrées dans le monde et si parfois, dans un moment de crise, elles songent à quitter la Communauté, cette réflexion suffit pour les y retenir. Il arrive même assez souvent, qu'après avoir éprouvé beaucoup de déceptions, après avoir beaucoup souffert et fait souffrir les autres, le calme se fait peu à peu dans leur âme, à mesure qu'elles avancent en âge, que touchées de la grâce, à la suite d'une retraite, elles cherchent dans l'amour de Dieu un bonheur qu'elles n'ont pu trouver dans les affections humaines.

4° L'HYSTÉRIQUE FANTASQUE, HAINEUSE ET VINDICATIVE. L'hystérique n'est pas, comme on dit vulgairement, une personne facile à vivre ; son commerce est rendu le plus souvent intolérable par l'esprit d'opposition, de contradiction, de controverse, dont elle est sans cesse animée. Son humeur agressive et toujours en révolte, rend difficiles et parfois insupportables ses relations habituelles. Qui n'a pas souvent entendu une hystérique provoquer l'étonnement et la stupéfaction par les idées extraordinaires et paradoxales qu'elle soutient avec une assurance qui n'a d'égale que l'absence de conviction. C'est qu'elle veut à tout prix attirer l'attention sur elle. (DALLY). Sans avoir de haine ou même d'antipathie pour personne en par-

ticulier, elle se plaît à vexer, à taquiner, à contredire ses compagnes ; à semer la division par de faux
rapports ou des histoires mensongères qu'elle
invente elle-même et qu'elle attribue à d'autres.
Dissimulant sous des apparences affectueuses ses
desseins malicieux, elle avertit une sœur, en
grande confidence, des bruits désavantageux qui
courent sur son compte dans la Communauté et
qu'elle a elle-même répandus, et quand elle voit
cette compagne toute bouleversée, elle rit intérieurement de la peine qu'elle lui a causée.

Nous n'en finirions pas, si nous voulions décrire
tous les ennuis, tous les soucis que donnent les
hystériques. C'est en vain qu'on les change d'établissements, dans l'espoir que le changement amé-
liorera leur état, elles portent partout les mêmes
dispositions. Après avoir déjà passé dans plusieurs
maisons, sœur N... est envoyée dans un nouvel
établissement. Tout d'abord elle est enchantée ; la
maison est très belle, le parc et les jardins sont
magnifiques, la Supérieure est très bonne et les
religieuses sont très aimables ; mais, au bout de
quelques semaines, l'ennui la prend, on n'a pu
lui trouver un emploi à son goût ; elle demande
son changement ; on la refuse. Alors elle déclare
qu'elle n'ira pas à confesse qu'on ne l'ait envoyée
ailleurs, et en effet, malgré toutes les représentations et les instances qu'on put lui faire, elle resta
plus de six mois sans approcher des sacrements.
Les Supérieures finirent par céder. Elle a depuis

été employée dans plusieurs maisons et partout par ses caprices et ses bizarreries, elle a fait la désolation des Supérieures.

D'un entêtement sans pareil, l'hystérique ne veut rien écouter, et si elle ne résiste pas toujours en face à la Supérieure, elle ne lui obéit qu'autant que cela lui convient et se livre à ses fantaisies. Sœur G..., quoique hystérique, était chargée d'une petite classe qu'elle tenait très sévèrement. Comme il est expressément et rigoureusement défendu de frapper les enfants, même légèrement, Sœur G... avait tourné la difficulté; elle faisait un bouquet d'orties qu'elle promenait sur la main de l'enfant qui n'était pas sage. Elle ne frappait pas ! Comme cet évêque des Croisades qui, pour obéir aux canons de l'Eglise, assommait les mécréants à grands coups de massue, au lieu de les transpercer d'un coup de lance ou d'épée; il ne versait pas le sang humain.

Une autre fois, Sœur G..., s'était imaginée de gratter des timbres-poste déjà oblitérés pour les faire servir de nouveau. On avait beau lui représenter qu'elle commettait une indélicatesse et un vol, en même temps qu'elle s'exposait à être traduite en police correctionnelle et à faire condamner la maison à une grosse amende, elle ne voulait rien entendre. Ce ne fut qu'en la menaçant de jeter au feu toutes ses lettres, sans même les regarder, que la Supérieure put amener Sœur G... à renoncer à cette fantaisie.

Passant d'un jour à l'autre, d'une heure ou d'une minute à l'autre, avec une incroyable rapidité, de la joie à la tristesse, les hystériques se comportent comme de véritables enfants. Aussi Sydenham a pu dire avec justesse que ce qu'il y a de plus constant chez les hystériques, c'est leur inconstance. Hier, elles étaient enjouées, aimables et gracieuses ; aujourd'hui, elles sont de mauvaise humeur, irascibles, se fâchant de tout et de rien ; indociles par système, taquines par parti-pris, maussades par caprices ; mécontentes de leur sort ; rien ne les intéresse ; elles s'ennuient de tout. (HUCHARD).

Que de fois on a vu une religieuse contrariée, chagrine, mécontente d'elle-même et des autres, ne sachant à qui s'en prendre et accusant volontiers tout le monde, quitter à la hâte sa cellule ou la chambre commune, en proie à une vive émotion, et s'en aller pleurer à la chapelle. Elle se confesse en sanglotant, s'accuse avec exagération, témoigne une ferveur extrême et tout-à-fait inattendue. Elle sort du confessionnal baignée de larmes, pousse de fréquents soupirs, reste pendant un certain temps accablée, immobile, ne songeant presque à rien ; puis devenue visiblement calme, elle revient au milieu de ses compagnes, elle est gaie, prévenante, aimable. L'orage est dissipé. (LEGRAND DU SAULLE).

Ce sont là des enfantillages. Malheureusement les hystériques n'en restent pas toujours là. Im-

pressionnables à l'excès, la plupart du temps incapables de dominer le premier mouvement et de
résister à des impulsions de la nature la plus opposée, elles présentent un défaut d'équilibre entre
les facultés supérieures de l'âme : la volonté, la
conscience, et les facultés inférieures : instincts,
passions, désirs. (Moreau, de Tours). Il n'est pas
rare que, dans cet état de torpeur morale, elles
cèdent sans résistance à l'entraînement du moment et se livrent inconsciemment aux actes les
plus répréhensibles.

« La Sœur F..., religieuse de l'ordre de la Visi-
tation, âgée de trente-sept ans, mit sept fois le
feu au couvent de Dijon (1845). La justice, frappée du très bon état apparent de ses facultés, la
fit comparaître devant la cour d'assises de la Côte-
d'Or. M. Dugast, ancien interne de Bicêtre, fut
chargé de procéder à un minutieux examen de la
prévenue. Avec un tact remarquable, M. Dugast,
dont le talent égale la modestie, vit bientôt qu'il
avait affaire à une malade. Dans une brillante
déposition qui émut l'auditoire, il exposa que la
religieuse, sujette à des accidents névropathiques
multiples, ne jouissait pas, au moment de l'accomplissement des actes incriminés, de son libre arbitre, que son trouble passager et intermittent des
facultés intellectuelles l'avait rendue inhabile à
discerner les notions du juste et de l'injuste, du
bien et du mal, et qu'elle devait être considérée
comme étant complètement irresponsable de ses

actes. Les membres du jury, ayant rendu un ver-
dict de non-culpabilité, la Cour prononça l'acquitte-
ment de la Sœur F... » (LEGRAND DU SAULLE).

En 1890, le même fait se reproduisit dans une
autre Communauté. Sœur C..., âgée de cinquante
ans, s'était toujours montrée d'un bon naturel,
soumise à ses supérieures, affectueuse avec ses
compagnes. A cause de son activité, de son attention et de ses prévenances, on l'avait chargée de
prendre soin des personnes étrangères qui devaient
passer quelques jours dans la Communauté. Un
accident fortuit vint bouleverser cette existence
jusque-là si calme et fit éclore subitement la maladie dont elle portait le germe probablement
depuis bien des années. Un matin, au milieu de
la chapelle, le feu prit aux vêtements de l'aumô-
nier, vieillard vénérable, aveugle depuis longtemps, qui fut assez grièvement brûlé. Sœur C...
fut vivement émue de ce spectacle et depuis ce
moment, la pensée du feu, de l'incendie, ne la
quitta plus, sans qu'on eût cependant remarqué
aucun changement dans sa manière d'être. Un
jour, après avoir amoncelé en sept ou huit endroits
de la Communauté, des matières inflammables,
elle y mit le feu et alla ensuite se jeter dans la
rivière qui passe à l'extrémité du jardin. Des personnes qui l'avaient aperçue, coururent à son
secours et s'empressèrent de la retirer. A peine
était-elle sortie de l'eau qu'elle fut prise d'une
crise effroyable de grande hystérie, avec des con-

tractures et des convulsions telles que plusieurs personnes avaient de la peine à la contenir. Quand plus-tard on l'interrogea sur ce qu'elle avait fait, elle répondit qu'elle ne se l'expliquait pas elle-même. Sur le rapport du médecin, le magistrat chargé de l'enquête, ne tarda pas à reconnaître que Sœur C... avait cédé à une de ces impulsions irrésistibles auxquelles les hystériques ne sont que trop sujettes. L'enquête fut abandonnée et on renonça à poursuivre.

Qui pourrait dire les inquiétudes et les angoisses d'une pauvre Supérieure, quand elle a dans sa maison une pareille malade qui, à la moindre observation, se révolte, menace de se venger et roule dans son esprit de sinistres projets que trop souvent elle met à exécution ; qui brise par caprice les objets les plus précieux et qui peut mettre le feu au couvent ; qu'on est exposé à trouver pendue, noyée ou étendue sur le pavé de la rue. Car ces malades sont souvent poursuivies par l'idée de suicide. Le docteur Pitres affirme qu'il en est peu qui, une fois ou l'autre, n'aient essayé de se donner la mort, pour les raisons les plus futiles en apparence.

Il n'y a pas longtemps, une jeune postulante entrait dans la chambre de la Supérieure, au moment où la communauté montait au dortoir pour se coucher, et lui disait : « Ma Mère, je veux partir tout de suite ; je ne veux pas rester un instant de plus dans la maison. » — « Mon enfant, lui répondit la Supérieure, on ne retient personne de force ; mais ce soir, il est trop tard : demain, j'écrirai à vos parents de venir vous chercher ; en attendant, allez vous reposer. » — « Vous ne voulez pas m'ouvrir la porte, répliqua la jeune fille, je trouverai bien moyen de sortir. » La Supérieure n'attacha aucune importance à ce propos qu'elle attribua à un mouvement de surexcitation momentanée. Le lendemain matin, au point du jour, deux agents de police en tournée aperçurent sur le pavé, au milieu de la rue, le corps d'une femme nue ; c'était celui de cette pauvre enfant qui s'était précipitée du quatrième étage.

C'est surtout quand l'hystérique est dominée par la haine et le désir de la vengeance, qu'elle forme, avec une habileté diabolique, des machinations et des cabales de toute espèce. A la suite d'une observation, d'une réprimande, d'un changement d'emploi, d'une mesure qui lui déplaît, elle prend sa Supérieure en aversion et, à partir de ce moment, il n'y a pas de critiques, de plaintes, de récriminations, de faux bruits qu'elle ne répande dans la Communauté. Souvent elle écrit aux supérieurs généraux ou à l'évêque du diocèse pour dénoncer sa supérieure qu'elle accuse de violer toutes les règles et les constitutions de la congrégation, de donner mauvais exemple ; de n'assister jamais à la récitation de l'office divin ou aux autres exercices religieux ; de dilapider les biens de la maison pour enrichir sa famille ou faire des cadeaux à ses amis ; de ne se plaire qu'avec les personnes du monde ; de ne se rien refuser, tandis qu'elle se montre d'une sévérité extrême pour les autres ; d'avoir des favorites auxquelles elle permet tout, tandis qu'elle accable de ses dédains celles qui n'ont pas le don de lui plaire, etc., etc.

Si elle écrit cette lettre, ajoute-t-elle, ce n'est pas que personnellement elle ait à se plaindre de sa supérieure qui est remplie de bonté pour elle ; c'est à regret et comme malgré elle qu'elle se croit obligée de faire connaître ces abus et de signaler à l'autorité compétente la conduite de sa supérieure. Sa lettre est rédigée avec tant d'art, de réserve et de discrétion, les faits allégués sont si précis qu'il est difficile de ne pas y ajouter foi. L'évêque s'empresse de déléguer quelqu'un pour faire une visite canonique et minutieuse. Comme les religieuses appelées par le visiteur lui déclarent unanimement n'avoir aucune connaissance des faits sur lesquels il les interroge, qu'il a beau insister, préciser et qu'il ne peut rien obtenir ; il finit par se retirer, parfois assez mécontent et ne sachant que penser. Que d'ennuis et de désagréments de pareilles lettres ont attirés à d'excellentes supérieures !

C'est à ce moment que surviennent le plus souvent les crises épileptiformes que nous avons décrites précédemment ; elle tombe sans connaissance en proie à d'horribles convulsions ; il faut cinq ou six personnes pour la maintenir.

Puis survient la période des attitudes passionnelles et du délire pendant laquelle, par ses gestes et par ses paroles, elle indique les impressions qu'elle subit intérieurement. Il n'est pas rare que dans ces moments une religieuse prenne une attitude peu honnête et prononce des paroles obscènes qui font frémir celles qui les entendent. Elles ne comprennent pas comment une personne toujours si réservée, si pudique, peut tenir de pareils propos, tandis qu'une femme dont la vie n'est rien moins qu'édifiante, aborde très rarement de pareils sujets. Voici l'explication qu'on en peut donner. On a remarqué que pendant la période de délire, la pensée des hystériques se reporte surtout sur des émotions vives qu'elles ont éprouvées dans leur état normal. Or comme la grande préoccupation des religieuses, est de se conserver pures et chastes, que la moindre tentation et la moindre pensée contre la chasteté font sur elles une très vive impression, il n'est pas étonnant que ces pensées et ces images se représentent à leur esprit pendant la crise et que, la raison n'étant plus là pour réprimer ces impressions, elles les manifestent au dehors ; tandis que les personnes d'une conduite peu régulière, étant en quelque sorte blasées sur les émotions voluptueuses, reportent leurs pensées sur d'autres objets, sur des violences qu'elles ont subies ou sur des scènes effrayantes dont elles ont été témoins.

Mais une chose bien remarquable, c'est qu'au

moment des crises les plus violentes, la religieuse conserve quelque chose de la réserve de sa profession. Ainsi il est très rare, nous disait le directeur d'un asile, qu'en présence d'un homme, elle fasse un geste inconvenant, ou prononce une parole indécente.

Puisque les hystériques peuvent causer tant de désordres, de scandales et d'ennuis, il semble que l'on devrait éviter avec grand soin d'en recevoir dans les communautés. Cependant il n'est pas rare de voir des Supérieures, entraînées par une déplorable complaisance ou par une charité mal entendue, admettre des jeunes filles dont les facultés sont mal équilibrées et qui présentent déjà les symptômes de cette triste maladie. Pour justifier à leurs propres yeux une conduite si peu raisonnable, elles essaient de se persuader que peut-être ces petits accidents finiront par disparaître et sur ce *peut-être*, elle ne craignent pas de compromettre, pour de longues années, la paix et le bon ordre dans leur communauté.

« Que voulez-vous que deviennent ces pauvres filles, nous disait un jour une bonne supérieure ? Si elles restent dans le monde et qu'elles se marient, elles seront extrêmement malheureuses et feront le malheur de leur mari et de leurs enfants ; dans une communauté, elles seront tranquilles et n'auront pas beaucoup à souffrir. » C'est vrai. Mais combien n'auront pas à souffrir de leurs caprices, de leurs bizarreries, de leur caractère insuppor-

table, celles qui seront obligées de vivre avec elles
du matin au soir? La place de ces personnes est
dans leur famille ou, si leur famille ne veut pas
les garder, c'est à elle de les placer dans des maisons spéciales, établies pour ces sortes de maladies. Mais c'est à quoi les familles riches et d'un
rang élevé, ne se décident qu'à la dernière extrémité. Des parents ont honte d'une pauvre malade, trop souvent malheureuse victime de leurs
propres fautes, de leurs excès ou de leurs impru-
dences, ils seraient heureux d'en être débarrassés ;
mais ils ont une répugnance indicible à la placer
dans un asile ; ils craignent de nuire à l'établissement de leurs autres enfants, car ils se disent
qu'on ne se soucie pas d'entrer dans une famille
où il y a des excentriques. C'est alors qu'ils s'ef-
forcent de lui inspirer des sentiments d'une piété
exagérée et de l'engager à entrer au couvent. Pour
l'y déterminer, ils font sans cesse miroiter à ses
yeux tous les avantages et toutes les douceurs de
la vie religieuse. Et comme l'hystérique a une volonté débile et facile à influencer, elle cède, la plupart du temps, à ces suggestions aussi perfides
qu'intéressées. Peu importe à ses parents si elle a
des goûts tout opposés, si elle soupire après les
plaisirs et les divertissements du monde, peu leur
importe si le calme et la monotonie du cloître
sont antipathiques à sa nature ardente, mobile,
capricieuse, impatiente de tout frein ; peu leur
importe si elle aura beaucoup à souffrir. Elle est

religieuse! On ne dira pas dans le monde qu'elle a parfois la tête aux champs ; l'honneur de la famille est sauf ; c'est tout ce qu'on voulait. Cependant celle qu'on a ainsi sacrifiée, reconnaît bientôt les difficultés d'un état pour lequel elle n'était pas faite ; les exercices de piété lui sont à charge, les assujettissements de la vie commune la révoltent, elle finit par quitter le couvent et, comme pour se venger du joug qu'on avait voulu lui imposer, elle s'abandonne assez fréquemment aux plus affreux désordres. Le docteur Legrand du Saulle en rapporte un triste exemple.

« Une jeune fille, vers l'âge de la puberté, avait éprouvé des accidents hystériques et s'était fait remarquer, dans son pensionnat, par un penchant très accusé au vol. Sa famille crut bien faire en développant chez elle des sentiments religieux extrêmement prononcés et l'on vit bientôt Mlle N... tomber dans une dévotion exaltée. A vingt ans, elle entra comme novice dans un couvent cloîtré. Au bout de six mois, elle présenta les phénomènes les mieux accusés de l'hystérie confirmée ; elle devint querelleuse, fantasque, vaniteuse ; trompa la confiance de tout le monde, inventa mille récits mensongers qui donnèrent lieu à des événements désagréables pour la Communauté ; écrivit des lettres anonymes ; elle finit par s'évader.

Réintégrée dans la maison paternelle, elle se mit à lire des romans, à boire des liqueurs alcooliques, à tenir des propos déplacés, à fréquenter de mau-

vaises compagnies, à battre ses parents et ses
domestiques. Elle faisait le tourment et le désespoir de sa famille qui songeait sérieusement à un
internement, dans une maison de santé, lorsque
tout-à-coup elle disparut.

On apprit plus tard qu'un voyageur de commerce, séduit par son éclatante beauté, l'avait
emmenée à l'étranger où elle avait mené la vie la
plus licencieuse, qu'elle avait été plusieurs fois
condamnée pour vol et qu'enfin elle était morte à
l'âge de vingt-sept ans, sur un lit d'hôpital, en
proie à la plus cruelle et à la plus honteuse des
maladies. Au milieu de ses désordres, cette malheureuse avait conservé un reste de pudeur à l'endroit de sa famille ; elle avait changé plusieurs
fois de nom, et avait fait répandre le bruit que
les regrets que lui causait son inconduite passée,
l'avaient déterminée à recourir au suicide et
qu'elle s'était noyée. »

Il n'y a pas à en douter, dira-t-on encore, la
présence d'une hystérique dans une Communauté
est une source d'embarras et de difficultés pour les
personnes obligées de vivre dans sa société. Mais
que faire ? Quand une jeune fille se présente, on
ne la connaît pas. De l'aveu même des spécialistes,
l'hystérique a quelque chose d'attrayant et de séduisant au premier abord, et pendant son noviciat, si
elle se montre quelquefois un peu vive et légère,
on n'a pas de plaintes sérieuses à formuler contre
elle ; ce n'est que plus tard, quand la maladie éclate,

qu'on s'aperçoit qu'on s'était trompé sur son
compte. C'est là une erreur ; il n'est pas aussi
difficile qu'on se l'imagine, de reconnaître dans
une jeune fille une prédisposition à l'hystérie.

———————————

CHAPITRE IV

Marques auxquelles on peut reconnaître une prédisposition à l'hystérie ou un commencement de cette maladie.

Il ne faut pas croire que les attaques d'hystérie se manifestent brusquement, sans que rien puisse les faire prévoir. Les gens tant soit peu expérimentés, ne tardent pas à reconnaître dans une jeune fille les signes précurseurs ou même les symptômes de la névrose. Elle se fait bien vite remarquer par certaine bizarreries dans sa mise, dans sa tenue, dans son langage. Sous le rapport physique, elle est ordinairement d'une santé débile, maigre, délicate, sujette à des migraines et à des maux de cœur ; le système musculaire est peu développé, son visage est pâle et elle s'évanouit facilement ; sous le rapport psychique, elle est d'un tempérament nerveux, impressionnable à l'excès.

L'hystérie dans l'enfance n'est pas rare : nous en avons de nombreux exemples. Elle existe à des degrés variables, mais le plus souvent, il n'est pas difficile de reconnaître, dès le jeune âge, certaines dispositions intellectuelles qui sont

comme l'ébauche du caractère hystérique et qui
se peignent sur les traits d'une physionomie éveil-
lée, mobile, expressive, contrastant singulièrement avec la figure indifférente, inerte et sans
expression des jeunes épileptiques. (LEGRAND DU
SAULLE.)

Douées d'une vive imagination et d'une intelligence remarquable, les jeunes hystériques se distinguent dans toutes les études, surtout dans la
musique, le dessin, possèdent un talent naturel
d'imitation et jouent d'instinct la comédie. D'autres
fois turbulentes, querelleuses et susceptibles, se
fâchant avec leurs petites compagnes et vraiment
indisciplinables, elles sont obligées de quitter
leurs classes, sans avoir reçu l'instruction la plus
élémentaire. Mais cette turbulence cesse brusquement, à certains jours : elles sont prises alors, sans
cause appréciable, d'une tristesse profonde et
restent, pendant des journées entières, dans un
mutisme obstiné. (J. SIMON.)

Elles ont une remarquable tendance aux idées
tristes et moroses, et manifestent, au sujet de leur
santé, des préoccupations peu habituelles au jeune
âge. Le plus souvent cette tendance aux idées
noires, dans l'enfance, est le symptôme précur-
seur de l'hystérie qui va naître dans un âge plus
avancé. Les petites hystériques ont des insomnies
et des cauchemars, des terreurs nocturnes, avec
des hallucinations véritables. Elles accusent souvent de la migraine, des douleurs d'entrailles, des

névralgies diverses ; elles ont des spasmes viscé-
raux passagers et multiples, qu'elles expriment
par la sensation de corps étrangers à la gorge, de
bêtes qu'elles ont dans le ventre, de vers qui montent ou qui descendent... Dans certains cas encore,
on observe des palpitations, des tendances aux
défaillances et aux syncopes, des pertes de connaissance incomplètes, que l'on confond trop souvent avec des accidents épileptiques, surtout s'il
s'y ajoute, comme il arrive parfois, de véritables
attaques convulsives. (HUCHARD)

Comme ces enfants joignent au besoin de se plaindre, un désir évident de se rendre intéressantes,
en exagérant leurs souffrances, vraies ou imaginaires, il est parfois difficile de démêler le vrai
du faux dans les symptômes qu'elles énumèrent.
(LEGRAND DU SAULLE.) Une petite fille de six ans,
jalouse de son petit frère, se dit atteinte de douleurs de tête ; elle accuse du vertige, des douleurs
névralgiques vagues ; elle refuse tout aliment,
craint le moindre bruit, redoute l'impression de
la lumière ; le pouls est accéléré au moment des
visites... Au quatrième jour on s'aperçoit de la
supercherie ; on contraint la petite comédienne
de se lever, de marcher et de manger, et tous ces
symptômes qui avaient un moment éveillé quelques inquiétudes disparaissent, comme par enchan-
tement. Or cette enfant est devenue jeune fille ;
elle a maintenant seize ans et elle est assez souvent atteinte de spasmes, de mouvements convul-

sifs sur la nature hystérique desquels il n'est pas permis d'hésiter. (J. SIMON)

« A de très rares exceptions près, dit Briquet, il existe, dès la plus tendre enfance, une prédominance de l'élément affectif et un état spécial de susceptibilité chez les sujets destinés à devenir plus tard hystériques. Toutes les jeunes filles que j'ai observées, étaient extrêmement impressionnables, très craintives ; elles avaient une peur extrême d'être grondées, et quand il leur arrivait de l'être, elles étouffaient, sanglottaient, fuyaient au loin ou se trouvaient mal. Un peu plus grandes, elles éprouvaient des sensations très vives pour la moindre chose ; elles pleuraient en entendant parler d'un sujet attendrissant ; extrêmement timides, elles s'effrayaient de tout et étaient peureuses à l'excès. »

Le docteur Pitres partage le même sentiment. « Je désire maintenant, disait-il à ses élèves, attirer votre attention sur la série des accidents nerveux que présentent souvent, pendant leur enfance, les sujets destinés à devenir plus tard hystériques. Ces accidents, dont le discernement est quelquefois difficile, ont été explicitement signalés par Georget, en 1824. « La plupart des hystériques, dit « cet auteur, ont montré dès le bas-âge, des dispo- « sitions aux affections convulsives, un caractère « mélancolique, colère, emporté, impatient, sus- « ceptible : quelques-uns ont eu alors des attaques « de catalepsie, des migraines, des serrements de « gosier, des étouffements. » L'observation clini-

que confirme complètement les opinions émises
par Georget. La plupart des malades prédisposés
à l'hystérie et destinés à devenir franchement hystériques, ont pendant leur enfance des accidents
nerveux variés. Le nombre des accidents est même
plus considérable que ne l'a indiqué Georget. A
côté des attaques de catalepsie, des serrements de
gorge, des étouffements explicitements signalés
par cet observateur, il faut placer, si je ne me
trompe, certaines variétés de toux sèche, quinteuse, arrivant par accès et persistant pendant
des jours, des semaines ou des mois, malgré les
traitements qu'on lui oppose. Les crises de vomissements survenant sans causes appréciables ou à
l'occasion d'émotions morales ; les crises de hoquet, les crises de palpitations de cœur, les terreurs nocturnes des enfants, les maux de tête des
adolescents, ont vraisemblablement la même signification. — Certaines formes de congestion
pulmonaire avec ou sans crachement de sang,
certaines hémorrhagies, nasales ou gastriques,
paraissent également devoir être rangées parmi
les accidents nerveux de l'enfance, au même titre
que les accès de somnambulisme spontané, les
contractures ou les paralysies temporaires des
membres, l'insensibilité d'une partie du corps,
les névralgies et les douleurs articulaires d'apparence rhumatismale. Presque toutes nos hystériques ont présenté quelques-uns de ces accidents,
signes précurseurs de la névrose. »

Le docteur Pitres énumère ensuite les divers
accidents arrivés, pendant leur enfance, aux malades qu'il avait dans sa clinique, au moment où
il parlait, et qui peuvent se résumer, sous le rapport organique, en des convulsions, des saigne-
ments de nez, des hoquets, des vomissements
incoercibles, des maux de tête persistants, une
toux sèche, quinteuse, convulsive, ressemblant
beaucoup à celle de la coqueluche, mais en diffé-
rant par l'absence d'expectoration, des étouffements avec la sensation d'une boule qui, partant
du flanc gauche, remontait vers le cou et les étran-
glait. Sous le rapport moral, la plupart avaient un
caractère violent, emporté, acariâtre, taquin, intraitable ; plusieurs entraient pour des riens dans
des colères inconcevables, trépignaient, se roulaient par terre.

« Mais, ajoute Gilles de la Tourette, si l'impression est vive, elle est aussi très fugace. Une
hygiène intellectuelle bien comprise, le simple
développement des facultés cérébrales triomphe-
ront d'accidents qui, chez l'adulte, resteraient à
l'état de faits acquis. »

Nous avons cru devoir rapporter ici ces diverses
affections maladives, organiques ou psychiques,
signalées dès l'enfance, dans certains sujets, par
le docteur Pitres, elles aideront une habile maîtresse des novices à reconnaître dans une jeune
fille une prédisposition à l'hystérie. Si elle a des
doutes, et si, en même temps qu'elle constate son

intelligence, son activité, son zèle, son obligeance,
elle la voit impressionnable, susceptible, aimant
à paraître, poussant tout à l'extrême, il lui sera
facile, par des questions discrètes, dans le cours
d'une conversation familière, de connaître les
divers accidents morbides qui ont signalé les premières années de la postulante ou qui ont eu lieu
dans sa famille, parmi ses proches parents, et de
s'assurer si ces défauts proviennent simplement
d'un caractère mal formé ou d'une constitution
héréditaire.

Toutefois elle devra procéder avec une extrême
prudence. Nous l'avons vu précédemment, quelle
que soit la mobilité d'esprit et de caractère des
hystériques, elles ont cependant certaines idées
auxquelles elles reviennent continuellement et
certains desseins auxquels elles ne renoncent jamais. Ainsi, le jour où une jeune fille franchit le
seuil d'un couvent, elle a dessein de se faire religieuse ; plus ce dessein est arrêté chez elle et plus
elle a soin d'éviter tout ce qui pourrait s'opposer à
ce qu'elle regarde comme sa vocation. Or, les hystériques sont naturellement soupçonneuses, et si
une novice croit s'apercevoir qu'on l'observe
d'une manière particulière et qu'on songe à la renvoyer, elle se tient si bien sur ses gardes qu'il est
impossible d'en rien tirer ou de la prendre en faute.
De là vient souvent qu'une jeune fille, dont on
n'avait jamais eu à se plaindre pendant son noviciat, qui s'était montrée douce, attentive, affec-

tueuse, obéissante, devient tout-à-coup difficile, exigeante, capricieuse, intraitable, lorsqu'après avoir prononcé ses vœux, elle est placée dans un établissement. Assurée de n'être pas renvoyée de la Congrégation, à moins de fautes très graves dont elle saura bien se garder, elle ne tarde pas à s'affranchir de la contrainte qu'elle s'était imposée jusque-là. C'est alors qu'elle fait la désolation de sa Supérieure et le tourment de ses compagnes. Insupportable à tout le monde, elle passera successivement par toutes les maisons d'une Congrégation, traînant avec elle les affligeants désordres de sa triste maladie. Il est donc de la dernière importance pour une Communauté, avant d'admettre une postulante, de s'assurer, autant qu'il est possible, par l'observation de son tempérament et de son caractère, qu'elle n'est pas prédisposée à l'hystérie.

Mais, nous objectait un jour une maîtresse des novices : « S'il faut refuser toutes les jeunes filles impressionnables, on ne pourra en garder aucune, car dans les temps où nous sommes, il n'y en a pas une seule qui ne soit plus ou moins nerveuse. » C'est malheureusement vrai. Toutefois, dans ces questions délicates, comme en beaucoup d'autres, il faut se garder de rien exagérer et de pousser les choses à l'extrême.

Dès le commencement de cette étude, nous avons considéré l'hystérie à trois degrés différents : d'abord l'hystérie peu apparente, et pour ainsi dire, à l'état latent ; ensuite l'hystérie plus prononcée

avec crises légères; enfin l'hystérie avec contractures, convulsions, perte de connaissance, délire,
etc., etc., qu'on appelle communément la *grande
hystérie* ou hystérie *épileptiforme*.

Pour ce qui est de cette dernière, lorsqu'une
jeune fille a éprouvé quelqu'une de ces crises
effrayantes que nous avons décrites précédemment,
nous n'hésitons pas à déclarer qu'à notre avis on
ne doit jamais l'admettre dans une Communauté,
quand bien même elle paraîtrait, pour le moment,
parfaitement guérie. Il ne faut pas oublier que,
par la suite, une émotion vive, une contrariété,
une surprise, un accès de colère, une frayeur
peuvent ramener cet état de crise avec son cortège
d'accidents nerveux. Si par un excès de charité
et par une commisération malentendue ou pour
d'autres motifs, une Supérieure se décide à recevoir dans sa maison une jeune fille atteinte d'hystérie bien confirmée, elle se prépare pour elle-
même et pour les autres religieuses, une foule
d'ennuis et de désagréments.

Il n'en est pas de même de l'hystérie au premier et même au second degré, quand celle-ci
n'est pas trop développée. Car la ligne de démarcation entre ces divers degrés n'est pas tracée d'une
manière bien précise. Si par sa base, le second
degré touche au premier, il confine au troisième
par son sommet et le passage de l'un à l'autre est
presque imperceptible. Une enfant apporte en naissant une prédisposition à l'hystérie, la plupart du

temps héréditaire ; cette prédisposition se développe ou s'atténue, suivant le milieu où elle vit, suivant les soins et l'éducation qu'elle reçoit. Quoi qu'en ait dit Jean-Jacques Rousseau, ce n'est pas vers le bien, mais vers le mal, que le cœur de l'homme s'incline dès sa naissance. Il ne peut pas encore parler que déjà il est volontaire, rageur, entêté ; il sait déjà se faire obéir. Un jour, il a remarqué que dès qu'il criait, on s'empressait de le lever ; il ne l'oublie pas, et, quand il s'ennuie dans son berceau, il pousse des cris aigus, jusqu'à ce qu'on lui cède, et si on lui résiste il entre en fureur et se pâme de colère jusqu'à tomber en convulsions. Avec un peu de fermeté, on triompherait facilement de ces défauts naissants. Mais la mère s'effraie et, sous prétexte que la moindre contrariété peut compromettre la santé de cet être si cher, elle cède à tous ses caprices, souscrit à toutes ses fantaisies et, au bout de quelques années, elle en fait un enfant insupportable à soi-même et aux autres.

Tous les moralistes gémissent de la manière dont on élève aujourd'hui les enfants ; on leur passe tout, on leur souffre tout. Et ce que nous disons des enfants en général, s'applique surtout aux jeunes filles dont le système nerveux est beaucoup plus sensible et plus impressionnable que celui des jeunes gens. Gâtées dès le berceau ; capricieuses et difficiles, entêtées à douze ans ; hystériques à dix-huit ; voilà l'histoire d'un très grand nombre.

C'est souvent dans ces conditions qu'une jeune fille demande à entrer au couvent. Le premier soin de la supérieure sera donc de bien étudier la postulante, ses qualités et ses défauts. Elle paraît très pieuse, intelligente, instruite, aimable avec ses compagnes ; c'est un sujet dont on pourra tirer grand parti ; mais, par moments, elle se montre très impressionnable, susceptible, légère, un peu jalouse, inconstante dans ses affections, aimant à paraître et à se faire remarquer ; elle est sujette à des migraines, à des maux de cœur, à des douleurs d'entrailles. Comme la supérieure possède quelques notions sur l'hystérie, elle ne peut s'empêcher de craindre que la postulante ne soit prédisposée à cette névrose. Devra-t-elle la renvoyer immédia- et sans balancer ? Nous ne le pensons pas. Nous supposons toujours que la jeune fille n'a jamais eu d'attaques proprement dites, avec perte de connaissance, contractures, convulsions, délire, et les autres symptômes de l'hystérie épileptiforme. Car dans ce cas, à notre avis, il n'y a pas d'hésitation possible : la postulante doit être rendue à sa famille. Mais voilà une jeune personne plus ou moins nerveuse, une hystérique au premier ou au second degré, il ne faut pas désespérer d'en faire une bonne religieuse. Toutefois il y de grandes précautions à prendre.

La plupart du temps, l'éducation de l'hystérique a été négligée ou complètement manquée ; il faut la reprendre, pour ainsi dire, dès le commencement. C'est l'affaire de la maîtresse des novices. Mais pour y réussir, elle a besoin de beaucoup de patience et d'une extrême prudence. Si, comme on l'a dit, la direction des âmes est l'art des arts, c'est surtout quand il s'agit des personnes nerveuses. Le caractère des hystériques varie à l'infini et le traitement qui convient à l'une ne convient pas à l'autre. En général, il peut se résumer dans ces quelques mots : une grande douceur unie à une grande fermeté. Dans beaucoup de circonstances, on peut même tirer parti de leurs défauts.

L'hystérie, avons-nous dit, agit surtout sur les facultés affectives. Sans s'en rendre bien compte, la jeune fille, atteinte de cette névrose, sent le besoin de s'attacher à quelqu'un et l'un des reproches les plus fréquents qu'on adresse aux hystériques, c'est d'avoir des amitiés particulières. Une maîtresse habile s'appliquera à gagner l'affection de sa postulante et elle y parviendra facilement, en lui témoignant beaucoup d'intérêt et en lui donnant quelques marques de bienveillance auxquelles la novice sera fort sensible. A partir de ce moment, elle en obtiendra tout ce qu'elle voudra. La pauvre enfant n'aura plus d'autre volonté que la sienne : elle sera entre ses mains comme l'argile entre les mains du potier ; elle se laissera façonner comme une cire molle, sans opposer aucune résistance ; elle recevra avec docilité toutes ses observations, subira, sans se plaindre, ses réprimandes, acceptera avec empressement les emplois pour lesquels elle avait le plus de répugnance, elle fera pour elle les plus grands sacrifices, et rien ne lui coûtera, quand il s'agira de plaire à sa maîtresse bien-aimée et vénérée. Mais peu à peu, celle-ci dirigera plus haut les pensées et les affections de sa novice et l'habituera à faire uniquement pour Dieu ce qu'elle faisait un peu pour la créature. Sous cette sage direction, la novice ne tarderait pas à devenir une excellente religieuse si, avec toutes ses bonnes qualités, elle ne restait pas toujours extrêmement impressionnable.

On ne peut pas lui en faire un crime, puisque ce défaut est indépendant de sa volonté. Des reproches amers, des réprimandes sévères, de mauvais traitements, bien loin de la corriger, ne feraient que surexciter son système nerveux et finiraient souvent par amener de grandes attaques épileptiformes. Ce n'est qu'avec beaucoup de temps et de patience qu'on parviendra à lui faire prendre l'habitude de résister aux impulsions résultant de la première impression. L'hystérique reçoit une injure qui l'affecte vivement, son premier mouvement, sa première impulsion sera de se venger, de rendre coup pour coup ; on l'accoutumera peu à peu à résister à cette impulsion, à ne rien dire et à ne rien faire, tant qu'elle se sentira émue. Cétait la méthode de saint François de Sales que personne ne prendra pour un hystérique. Né avec un tempéramment violent et emporté, il était

devenu, après de longues années de luttes continuelles, le plus doux et le plus patient des hommes.

L'hystérique n'en viendra pas là tout d'un
coup ; il y aura encore plus d'une fois des crises
et des chutes ; il ne faut pas se décourager ; à force
de persévérance, elle finira par les rendre plus
rares et plus légères, et peut-être parviendra-t-elle
à les prévenir tout-à-fait.

Car si l'hystérie affaiblit plus ou moins la volonté, elle ne va pas, le plus souvent, jusqu'à l'an-
nihiler tout-à-fait, excepté dans les grandes attaques épileptiformes, et l'hystérique est responsable
de ses actes, en proportion de la liberté qui lui
reste. Son intelligence n'est pas atteinte ; elle est
capable de réflexion ; sous l'empire même de la
névrose, elle combine, avec une habileté extraordinaire, les moyens d'arriver au but qu'elle se
propose. Il faut donc l'habituer à réfléchir avant
d'agir et, si elle cède à un premier mouvement,
la reprendre avec douceur, mais aussi avec fermeté, et ne lui passer aucun caprice, même dans
les choses qui paraissent les meilleures. Ainsi, à
la suite d'une lecture, d'un sermon, d'une exhor-
tation, la novice, enflammée d'un beau zèle, prend
la résolution de se livrer à des exercices de piété
exagérée, à des mortifications extraordinaires ; on
s'y opposera énergiquement et on ne lui permettra
que les pratiques prescrites ou autorisées par la
Règle.

A cette occasion, nous dirons qu'on doit veiller,

avec le plus grand soin, sur ses lectures et sur les livres qu'on mettra entre ses mains. Il ne s'agit pas ici de ces ouvrages pernicieux, si répandus aujourd'hui dans le monde, ni même de ces publications romanesques qui, sans avoir rien de contraire à la religion et aux bonnes mœurs, sont remplies de scènes émouvantes et font les délices des personnes frivoles; nous sommes persuadé que jamais de pareils ouvrages ne se trouvent dans une Communauté religieuse, et l'on comprend de suite combien ils seraient dangereux pour une hystérique. On se gardera même de lui laisser lire des livres de haute mysticité ou de ces vies de saints où il est question de visions, de révélations, d'apparitions, de possessions du démon; car bientôt elle s'imaginerait avoir des révélations, prendrait ses rêves pour des visions, ses hallucinations pour des inspirations du Ciel et ses cauchemars pour des persécutions diaboliques. Comme ces personnes qui, toujours inquiètes de l'état de leur santé et lisant des traités de médecine, se persuadent très fréquemment avoir la maladie dont elles voient la description. Règle générale : il faut, autant que possible, éloigner de l'hystérique tout ce qui peut surexciter son imagination.

Voilà pourquoi il serait bon, ce nous semble, de renoncer à l'habitude qu'on a prise dans la plupart des Communautés, de confier à des hystériques la direction du chant et de la musique pour laquelle elles montrent assez souvent une aptitude particulière. De toutes les occupations, il n'y en a pas, au jugement de beaucoup de docteurs, qui leur convienne moins ; parce que la musique agit trop sur le système nerveux. Si son action ne va pas toujours, jusqu'à produire des attaques, elle rend les hystériques si impressionnables qu'il est à peu près impossible de leur adresser la moindre observation ou de les contrarier en quoi que ce soit, sans s'exposer à amener des crises violentes. On est obligé de les laisser agir à leur gré. Elles compensent souvent ce défaut, il est vrai, par leur activité, leur énergie et leur habileté ; mais il n'en est pas moins désagréable pour une Supérieure, d'avoir dans sa maison une personne à qui elle ne peut rien dire et qui est en quelque sorte indépendante.

Et maintenant, quand après un ou deux ans de noviciat et des épreuves multipliées, on remarque dans une jeune fille, avec d'excellentes qualités, les défauts que nous avons signalés dans les hystériques au premier ou au second degré, que faut-il faire ? On ne peut pas la retenir indéfiniment au noviciat, faut-il la renvoyer dans sa famille ? Si l'on avait surabondance de sujets, ce serait peut-être le parti le plus sage. Mais dans presque toutes les Congrégations, on se plaint de la rareté des vocations et, comme le disait une maîtresse des novices, s'il fallait congédier toutes les jeunes filles impressionnables, on devrait les renvoyer toutes. La plupart des médecins affirment

en effet qu'à l'époque où nous sommes, il y a peu
de femmes qui ne soient plus ou moins nerveuses.
Trop souvent des Supérieures inexpérimentées
s'imaginent que ces défauts de caractère diminue-
ront avec le temps, c'est le contraire qui a lieu. Si,
au moment de prononcer ses vœux, une novice,
malgré tous les soins et les avis qu'elle a reçus,
se montre encore quelquefois susceptible, capricieuse, volontaire, ces défauts, bien loin de disparaître, quand elle aura quitté la maison-mère, ne
feront que se développer. L'expérience prouve
qu'une religieuse n'est presque jamais plus fervente, plus régulière, plus obéissante, qu'à la fin
de son noviciat. Combien n'y en a-t-il pas, suivant le mot du pieux auteur de l'*Imitation*, qui,
après plusieurs années passées dans le cloître, en
sont à regretter les dispositions où elles étaient le
jour de leur profession? La novice qui sent qu'on
l'observe, qu'on l'étudie, qui sait que de sa conduite dépend son admission ou son renvoi, se tient
sur ses gardes, se montre exacte et empressée à
faire tout ce qu'on lui demande; ce n'est que
plus tard, après avoir prononcé ses vœux, qu'elle
se relâche et se laisse aller à ses penchants natu-
rels. Et quand alors, à la vue de ses caprices et de
ses exigences, on demande à la Supérieure comment elle a pu admettre une pareille personne
dans sa Congrégation, que de fois elle répond :
« Mais elle n'était pas ainsi pendant son noviciat!
elle était aussi bonne, aussi douce, aussi docile,

qu'elle est aujourd'hui difficile, revêche, opiniâtre. » N'y aurait-il point quelque moyen de maintenir une religieuse prédisposée à la névrose, dans
les bonnes dispositions où elle était pendant son
noviciat?

Pour les personnes nerveuses, comme pour la
plupart des hommes, la crainte est le commencement de la sagesse. Si les hystériques sont très
impressionnables, elles sont aussi très timides, et
ce qu'elles ne feraient pas toujours par vertu,
elles le font par crainte. De nos jours, une jeune
fille qui entre au couvent, est bien décidée à se
faire religieuse et à passer sa vie dans le cloître.
C'est là une idée bien arrêtée chez elle et dont
elle ne se départira pas. Elle s'est faite religieuse,
elle veut mourir religieuse. Si, plus tard, elle se
montre difficile, entêtée, c'est qu'elle se tient
pour assurée qu'on ne peut l'expulser de la Congrégation que pour des fautes graves, et non pour
de simples infractions à la règle ou pour de légères
désobéissances. Du jour où elle serait bien con-
vaincue qu'on peut la renvoyer, si l'on est mécontent d'elle, cette conviction suffirait, la plupart du temps, pour la maintenir dans le bon
chemin et l'empêcher de s'abandonner aux fantaisies d'une imagination dévoyée.

Sœur G... était devenue insupportable à tout
le monde par ses bizarreries, ses exigences et ses
caprices ; elle se disait atteinte de toutes sortes de
maladies, gardait le lit une grande partie de la

journée, déclarait ne plus pouvoir remplir ses emplois, s'était fait un régime à part et se traitait à sa fantaisie, sans vouloir écouter personne. Un soir, une de ses compagnes lui annonça que la Supérieure générale ne tarderait pas à venir visiter la maison et lui insinua qu'il ne faudrait pas s'étonner si, en voyant le triste état de sa santé, elle l'envoyait dans un autre établissement. Le lendemain matin, sœur G... se levait avec tout le monde, suivait les exercices de la communauté et reprenait ses occupations habituelles. Elle était complètement guérie. La crainte d'un changement de position avait opéré ce prodige.

Il y a maintenant un certain nombre de Congrégations où l'on ne fait d'abord que des vœux temporaires de un, trois ou six ans, toujours renouvenables. Il paraît que loin d'être blâmée, la pratique des vœux à temps limité est approuvée à Rome et tend à devenir, en dehors des grands Ordres religieux, une règle générale pour les Congrégations à vœux simples. On comprend que dans ces Congrégations, on peut, sans grand inconvénient, admettre à la profession une jeune fille nerveuse. Il est très probable que cette situation précaire, espèce de noviciat prolongé, suffira pour la maintenir dans le calme et l'observance de la règle. Si, au contraire, la névrose se développe et s'il survient plus tard des crises violentes qui troublent la communauté, on aura toujours la ressource de la rendre à sa famille.

Mais dans une Congrégation où, d'après les Constitutions, les vœux sont perpétuels, quelle conduite tiendra-t-on à l'égard d'une jeune fille qui manifeste le plus grand désir d'entrer en religion, qui a toutes les marques d'une véritable vocation, mais dont la constitution nerveuse donne de graves inquiétudes pour l'avenir? Si on la renvoie, on a lieu de craindre qu'elle se perde dans le monde, à cause de la faiblesse et de la mobilité de son caractère. Si on l'admet à la profession, on s'expose à tous les ennuis et les troubles que peut causer dans une communauté un esprit mal équilibré. Que faire? La question est tellement délicate que nous n'osons pas nous permettre d'émettre une opinion et que nous laissons à l'autorité compétente le soin de la résoudre.

CHAPITRE V

Conduite à tenir quand la maladie se déclare après la profession religieuse.

L'hystérie, avons-nous vu en étudiant ses causes, est surtout un mal héréditaire, et la plupart des hystériques apportent en naissant le germe de la maladie ; mais ce germe ne se développe pas toujours ou n'apparaît que tardivement. Voici une jeune fille qui, par ses antécédents de famille, semble prédisposée à la névrose ; mais une éducation soignée, l'interdiction absolue de toute lecture dangereuse, l'éloignement constant des fêtes mondaines, des danses, des bals, des spectacles dont on sort le cœur agité, et qui font une si vive impression sur le système nerveux ; une vie sérieuse, active, occupée qui ne laisse aucun temps pour la rêverie, une piété solide unie à une grande modestie, l'ont préservée de toute émotion malsaine ; son âme est restée pure et candide, et son existence s'est écoulée douce et paisible, jusqu'au moment de son entrée au couvent. Là, ses bonnes qualités et son heureux caractère lui ont bientôt gagné tous les cœurs ; elle se prête naturellement et sans effort à tout ce qu'on demande d'elle. Estimée de

ses supérieures, chérie de ses compagnes, aimée
de tous ceux qui étaient en rapport avec elle, elle
coulait, depuis des années, une vie heureuse,
lorsqu'un jour une émotion, une surprise, une
frayeur, fait éclater le mal qui couvait en elle depuis sa naissance : elle pousse un grand cri, perd
connaissance, tombe à la renverse et se débat dans
des convulsions effrayantes. Chacun s'empresse
autour d'elle. Mais que faire ?

Eloigner tout d'abord les jeunes sœurs et les
autres religieuses que cette crise impressionnerait
vivement. On sait que les maladies nerveuses se
communiquent avec une facilité extraordinaire.
Un jour, une dame que nous avons connue, ayant
vu une jeune fille qui se débattait au moment
d'une attaque, éprouva un tel saisissement qu'elle
fut prise d'un tremblement nerveux, dont elle ne
parvint jamais à se débarrasser, et qui revenait, à
chaque instant, sous le coup de la moindre émotion.

Le docteur Bossu résume ainsi les soins à donner
à la malade : « Il faut, dit-il, la placer de manière
qu'elle ne puisse se blesser, la débarrasser des vêtements qui pourraient la gêner ou la comprimer
et la maintenir au lit. Il faut quelquefois résister
aux convulsions trop fortes, en immobilisant les
quatre membres ; mais on ne doit recourir aux
liens que si c'est absolument indispensable. » On
restera auprès d'elle jusqu'à ce qu'elle soit complètement revenue à son état normal. Car la crise

est à peine finie qu'une autre peut recommencer avec les périodes de convulsions, d'attitudes passionnelles, de délire ; et à cette crise succédera souvent une troisième, formant ainsi ce qu'on appelle des séries. Entre les séries, il y a ordinairement quelques instants d'arrêt et de repos, de dix à douze minutes ; puis les crises recommencent. Toutefois il est rare que l'ensemble des séries dure plus de douze à quinze heures. Mais les attaques peuvent revenir dès le lendemain, pendant des semaines et des mois. Une malade de la Salpêtrière avait éprouvé dans une année plus de neuf cents attaques.

Nous dirons plus loin les moyens usuels qu'on emploie ordinairement, en l'absence du médecin, pour calmer les crises.

La période de délire peut se prolonger plus ou moins longtemps après l'attaque, et alors la malade est en proie à des hallucinations qui ne sont rien autre chose qu'une folie momentanée et qui peuvent être dangereuses pour elle-même ou pour les autres. Elle éprouve presque toujours une douleur atroce au sommet de la tête, comme si on lui enfonçait un clou dans le crâne, et alors elle cherche instinctivement du soulagement, en se frappant la tête contre les murs ou contre quelque corps dur. Dans de pareilles circonstances, le fameux Mesmer avait une chambre convenablement préparée, qu'on appelait la salle des crises ou l'enfer aux convulsions. Cette pièce était arrangée pour sa destination spéciale et soigneusement matelassée. Là, les énergumènes pouvaient s'abandonner impunément à leurs plus frénétiques ébats ; leurs corps bondissants ne retombaient que sur des coussins moelleux ; leurs membres et leurs têtes n'allaient battre que contre des murs rembourrés de tentures épaisses et convenablement ouatées.

Comme de pareilles salles ne se trouvent pas dans les communautés religieuses, on se contentera de maintenir la malade et de placer des oreillers sous sa tête, afin qu'elle ne puisse pas se frapper contre le bois de lit.

Pour les mêmes motifs, la chambre de l'hystérique sera, s'il est possible, située au rez-de-chaussée. Si la disposition des lieux ne le permet pas, les fenêtres de sa chambre seront grillées ou solidement condamnées. Car si, au milieu de ses hallucinations, l'idée lui venait de se précipiter par la fenêtre, elle le ferait sans hésiter.

Quand une crise a été produite par une cause fortuite ou par une émotion qui ne doit pas se renouveler, il ne faut pas trop s'en inquiéter ; il arrive souvent qu'elle ne revient pas. La malade reste bien pendant quelque temps agitée et surexcitée, mais ces accidents diminuent peu à peu et finissent par disparaître. Néanmoins il faut toujours être sur ses gardes ; car il arrive assez souvent, surtout si la malade est jeune, que les crises reviennent plus ou moins fréquemment. Il semble qu'une fois que la digue est rompue et que le ressort est brisé, l'économie se prête plus facilement à un ébranlement nerveux. Voici, d'après les spécialistes, la conduite à tenir :

Si les crises sont très modérées, il suffit, la plupart du temps, de mettre la malade dans une chambre à part, avec une sœur d'un certain âge, qui puisse la secourir au besoin. Sœur Z... a aujourd'hui cinquante-huit ans ; très impressionnable, elle a toujours été ce qu'on appelle une femme nerveuse, mais sans aucune crise épileptiforme. Depuis quelques années, à la suite d'une grande frayeur, elle a de loin en loin quelques attaques, surtout pendant la nuit. Comme ces crises effrayaient plusieurs de ses compagnes, on a cru devoir lui donner une chambre à part où elle demeure avec une autre sœur. Parfois, au milieu de la nuit, elle pousse un cri, tombe de son lit et éprouve quelques convulsions. Sa compagne vient à son secours, la relève et l'aide à se recoucher ; elle reste au lit toute la journée suivante. Le lendemain, elle se lève, avec un sentiment de malaise et de fatigue qui dure un ou deux jours, mais qui ne l'empêche pas de reprendre ses occupations. Elle reste ainsi dans son état normal jusqu'à ce qu'une contrariété ou une surprise ramène une nouvelle crise. Maintenant on y est si bien accoutumé que personne ne s'en préoccupe plus.

Il arrive parfois que les crises sont beaucoup plus fortes et les convulsions tellement violentes

que les sœurs effrayées ne peuvent plus maintenir
la malade ; elle crie, elle injurie, elle menace,
elle déchire ses vêtements, ses draps, ses couvertures, elle brise tout ce qui est à sa portée ; elle
cherche à frapper, à mordre et, dans sa fureur,
elle se déchirerait elle-même, si on ne la retenait
pas. Ces scènes se renouvelant pendant des semaines entières, il devient impossible de la garder
plus longtemps dans la communauté où d'ailleurs
on n'a ni le personnel, ni les ressources nécessaires pour lui donner les soins dont elle a besoin. Il faut se résoudre à la placer dans un asile.
Mais dans ces circonstances douloureuses, il y a
de grandes précautions à prendre. Tous les asiles
ne conviennent pas, et on peut appliquer aux
hystériques ce que M. Legrand du Saulle dit des
épileptiques : « L'hystérie cesse d'être incurable,
et la folie hystérique, si redoutable et si dangereuse, peut être enrayée ; mais pour en arriver là.
il faut se donner quelque peine. L'hystérique est
comme l'épileptique et comme l'aliéné ; son état
s'améliore d'autant mieux que l'on s'occupe d'elle
avec plus de vigilance et de dévouement. Toute
malade abandonnée sans traitement, dans la cour
d'un établissement, est une stagiaire obligée de
l'incurabilité ; une non-valeur cérébrale en ex-
pectative et une hôte en train de se façonner,
malgré elle, aux amertumes d'une séquestration
perpétuelle. Une médication méthodique très sur-
veillée et extrêmement prolongée, a raison aujour-

d'hui des attaques convulsives les plus graves, des hallucinations consécutives les plus effrayantes et des impulsions homicides les plus soudaines. » Il est donc de la dernière importance de bien connaître dans quelles conditions se trouve l'établissement où l'on se propose d'envoyer la malade.

Un certain nombre d'asiles, sans être mal tenus, n'ont pas de locaux suffisants ou ne sont pas disposés de manière à pouvoir isoler les diverses catégories de malades. Pour ne parler que de la partie réservée aux femmes, il n'y a souvent que deux grandes divisions : le quartier des malades *paisibles* et le quartier des *agitées*. Or, qu'on la place dans l'un ou l'autre de ces quartiers, la religieuse hystérique est une personne perdue. Si l'on se rappelle que l'hystérie n'atteint que très peu l'intelligence et qu'aussitôt la crise passée, l'hystérique revient à son bon sens, on conçoit quelle désolation ou, pour mieux dire, quel supplice c'est pour une personne intelligente, souvent très instruite, habituée à vivre dans un milieu agréable, et ayant en ce moment toute sa raison, de se voir renfermée, pendant des semaines et des mois, et de passer toutes ses journées, soit avec des folles furieuses, soit avec des idiotes ou des imbéciles qui divaguent sans cesse et dont elle ne peut obtenir une parole raisonnable. Elle aurait besoin de distractions, d'occupations en rapport avec ses habitudes et son éducation, mais la surveillante, quelle que soit sa bonne volonté, ne sait

à quoi l'employer et se voit obligée de l'abandonner à elle-même et de la laisser errer tout le jour,
à travers les cours et les grandes salles, au milieu
de pauvres femmes dont la société est un nouveau
tourment pour elle. Ne sachant que faire ni que
devenir, voyant tout en noir, l'infortunée tombe
dans une sombre tristesse et ne tarde pas à mourir de chagrin on à perdre complètement la raison.

Si donc on désire sérieusement sa guérison, il
faut la placer dans un établissement où elle soit
isolée des autres malades, où l'on s'occupe d'elle,
où on lui témoigne de l'intérêt et de l'affection, où
on lui parle avec douceur et où on l'emploie à des
travaux qui lui plaisent et qui la distraient, sans
la fatiguer. Evidemment toutes ces conditions ne
peuvent guère se trouver que dans un asile dirigé
par des religieuses. Sans nous arrêter à ce que
racontent chaque jour les feuilles publiques sur la
conduite désordonnée, les excès de tout genre, les
indélicatesses, les exigences, l'égoïsme et la dureté
des infirmières laïques, qui n'agissent que par
intérêt et qui, dit-on, ne rendent aux pauvres
malades, qu'à prix d'argent, les soins les plus
indispensables, nous voulons les supposer aussi
bonnes que possible ; mais quels que soient leurs
sentiments et leurs dispositions, elles n'ont ni les
idées, ni les goûts, ni le langage qui conviennent
à des religieuses. Femmes du monde, elles n'ont ,
de pensées, de conversations, de désirs que pour

les biens et les plaisirs d'un monde auquel la religieuse a renoncé. Avec elles la religieuse se trouve dans un pays étranger dont elle ne comprend pas la langue. Aussi une religieuse malade n'est bien qu'avec des religieuses; leur genre de vie, leur tenue, leurs conversations, leurs habitudes, leurs aspirations sont les mêmes que les siennes; elle est là comme dans son élément. Les réflexions pieuses, les bonnes paroles qu'elle entend, la pitié qu'on lui témoigne, les soins affectueux qu'on lui prodigue, unis à un traitement approprié, ramènent bientôt le calme dans cette âme agitée.

Sœur M..., dans son état ordinaire, est une enfant charmante, aussi distinguée par son intelligence et ses connaissances que par sa bonté, son adresse et son amabilité. Malheureusement elle a de fâcheux antécédents héréditaires; son père est mort fou, un de ses oncles s'est suicidé et sa mère était extrêmement nerveuse. De temps à autre, elle a des attaques terribles d'hystérie épileptiforme. Alors elle ne se connaît plus; pousse des cris sauvages, injurie ses compagnes, leur crache au visage, les maltraite et les frappe. On est obligé de la conduire dans une maison spéciale confiée à des religieuses. La première chose qu'on fait, à son arrivée dans l'établissement, c'est de lui retirer tout ce qui pourrait la faire reconnaître pour une religieuse, et de lui faire endosser l'uniforme de la maison; une robe et une pèlerine

noires, avec un petit bonnet blanc. Tout_en la
changeant de vêtements, on lui parle avec bonté;
on s'informe de sa maladie et on lui fait espérer
qu'en suivant un régime convenable, elle ne tardera pas à être guérie. Arrive le médecin qui l'encourage à son tour et lui prescrit un traitement
facile. Puis on l'interroge discrètement sur ce
qu'elle sait et sur ce qu'elle veut faire. Comme elle
est très adroite et qu'elle a beaucoup de goût, on
la charge de confectionner des fleurs pour la chapelle ou de broder un ornement. Pour prévenir la
fatigue et l'ennui, on varie ses occupations, évi-
tant avec grand soin tout ce qui pourrait surexciter son imagination. Malgré toutes ces précautions, à la moindre émotion, il survient encore de
nouvelles crises ; mais elles sont moins graves ;
le calme se fait peu à peu et au bout de quelque
temps, la malade, revenue à son état normal,
peut retourner dans sa Communauté. Si on pouvait la préserver de toute émotion vive, de toute
surprise, de toute contrariété, il est probable que
la névrose ne reviendrait pas. Toutefois si elle
n'est jamais complètement à l'abri d'une rechute,
à mesure qu'elle avance en âge, les attaques sont
plus rares et plus légères et on a lieu d'espérer
qu'elles finiront par disparaître tout-à-fait.

Mais que serait-il arrivé, si on l'avait envoyée
dans le premier asile venu où elle aurait été confondue avec la foule des malades, abandonnée à
elle-même et sans soins particuliers? Il est morale-

ment certain que depuis longtemps déjà elle serait folle ou idiote.

Répétons donc en terminant que le choix d'un asile est de la dernière importance, si l'on a à cœur la guérison d'une malade, et si, pour la placer dans un établissement convenable, on est obligé de faire un long et coûteux voyage, on sera amplement récompensé de ces sacrifices par le bien qu'on aura procuré à une compagne digne de compassion et par les heureux résultats qu'on aura obtenus

CHAPITRE VI

Terminaison de l'hystérie.

Quelque graves que soient les crises hystériques, elles ne sont pas très dangereuses ; il est
rare qu'elles compromettent l'existence et qu'elles
aient une funeste influence sur l'état général de
la santé. Même, quand elles se prolongent pendant
fort longtemps, qu'elles se répètent à de courts
intervalles, elles ne mettent pas en péril les jours
des malades. L'état de l'hystérie diffère notable-
ment en cela de l'état de l'épilepsie, qui se termine
habituellement par la mort dans un laps de temps
restreint. (PITRES.)

On dirait que les hystériques ont elles-mêmes
la conscience de l'innocuité de la névrose sous
ce rapport. Tandis que les épileptiques, les maniaques, les hypocondriaques, les malades atteints
de paralysie organique, sont sombres et rêveurs,
voient tout en noir, s'inquiètent de leur état, songent avec terreur à l'avenir, craignent de ne pas
guérir, évitent avec grand soin toute allusion à
leur mal ou n'en parlent qu'avec désespoir, l'hystérique ne s'inquiète de rien. « Rien ne l'effraie,
dit le docteur Pitres ; l'indifférence, avec laquelle

elle supporte les accidents qui la frappent, est
tout à fait remarquable. Rien n'altère profondément et d'une façon durable sa sérénité. Il semble
qu'elle ait la certitude absolue de sa curabilité.
Elle vomit des flots de sang, sans en être émue ;
elle ne se croit jamais sérieusement malade. Chez
elle, comme chez les enfants, le rire est toujours
près des larmes, et souvent, au milieu des souffrances les plus violentes, elle surprend les personnes qui l'entourent, par la vivacité de ses réponses, par la frivolité de ses préoccupations, par
le souci qu'elle prend de sa toilette et de ses attitudes. » Aussi est-elle habituellement vive et
enjouée ; elle s'entretient volontiers de sa maladie. A ses yeux, c'est une affection comme une
autre, qui n'a rien de bien inquiétant ni de très
fâcheux, et dont elle espère bien être débarrassée
un jour ou l'autre. Si quelque chose l'afflige, c'est
d'être séparée de ses compagnes et de ne pouvoir
remplir son emploi. Un jour, une hystérique
très intelligente, mais sujette à de violentes attaques épileptiformes, après nous avoir entretenu,
longuement et sans embarras, de sa maladie, nous
déclara que son grand chagrin c'était d'être obligée de quitter son couvent. « O Père, ajouta-t-
elle avec un touchant accent de tristesse, priez
donc pour moi, afin que je ne sois plus malade ! »
Mais cette impression de tristesse ne dura qu'un
instant et elle reprit avec enjouement la conversation.

Si l'hystérie n'a presque jamais une issue fâcheuse, il n'est pas possible de dire, comme Frank, que ce n'est qu'une affection simplement désagréable pour la patiente et pour ceux qui l'entourent. C'est vrai, quand il ne s'agit que de ce nervosisme léger qui n'entraîne après lui aucune conséquence grave et qui n'entrave pas chez la malade le libre exercice des fonctions sociales. Mais quand les symptômes sont plus prononcés, quand on a affaire à l'hystérie du second degré, et surtout à la grande hystérie, alors l'affection devient des plus sérieuses. (LEGRAND DU SAULLE.) Si, en effet, on considère sa longue durée, les souffrances qui l'accompagnent, les accidents auxquels elle expose, l'impossibilité où elle met souvent les malades de vivre de la vie commune et de remplir les devoirs de famille et de société ; les embarras, les inquiétudes, les chagrins qu'elle cause dans l'entourage des malades ; les modifications fâcheuses qu'elle produit dans la constitution, et l'extrême susceptibilité qu'elle laisse au physique et au moral, on regardera avec raison l'hystérie comme l'une des maladies les plus redoutables. (GRASSET.)

« Non, l'hystérie n'est pas simplement une maladie désagréable, c'est une maladie toujours digne d'attirer l'attention du médecin et souvent une affection sérieuse qu'il doit soigner avec sollicitude. Ce n'est souvent qu'au prix d'un traitement méthodique et longtemps suivi qu'on pourra prévenir une fâcheuse aggravation de symptômes. » (LEGRAND DU SAULLE.)

Quant aux moyens à employer pour prévenir les crises ou pour les combattre, il y en a de deux sortes, les unes appartenant à la médecine, les autres dépendant de l'hygiène.

Les anciens, imbus d'idées singulières sur la nature de l'hystérie, n'hésitaient pas à avancer que l'*uterus,* auquel ils en attribuaient la cause et qu'ils prenaient pour un animal, redoute les mauvaises odeurs et les évite par la fuite, tandis qu'il aime et recherche les parfums. C'est en vertu de cette théorie qu'on faisait respirer à la malade des substances fétides pour chasser l'uterus. En fait de mauvaises odeurs, on en imaginait de toutes sortes ; on faisait brûler sous les narines du pied de bouc ou d'élan, du vieux cuir, de la corne de cerf, des poils ; on faisait respirer la fumée d'une chandelle ou d'une lampe à demi éteinte.

Il y a longtemps déjà qu'on a renoncé à de si étranges procédés, et aujourd'hui on a recours à des moyens plus rationnels. « A voir la multitude de remèdes tour à tour préconisés par les médecins, dit le docteur Bossu, on serait porté à croire que la thérapeutique des maladies nerveuses est fort riche, quand au fond elle est très pauvre, parce que tous les moyens échouent le plus souvent. »

C'est que le traitement curatif de l'hystérie ne saurait être soumis à des règles absolument fixes, les mêmes pour tous les cas. Il est tel agent qui chez une catégorie de malades donnera de bons résultats et restera impuissant chez les autres. Cependant, parmi les moyens dont la médecine dispose, il en est que leur efficacité habituelle recommande particulièrement, qu'on doit placer en première ligne et toujours essayer. (LEGRAND DU SAULLE.)

Sans vouloir empiéter le moins du monde sur le domaine de la docte Faculté, nous dirons que certains médecins préconisent l'emploi des anti-spasmodiques, tels que l'éther, le tilleul, la feuille d'oranger, la valériane, la gomme ammoniaque, le camphre, etc., tandis que d'autres en condamnent absolument l'usage. Il en est de même des narcotiques tels que la belladone, l'opium, la morphine, le chloroforme qu'on associe souvent aux antispasmodiques et qui seraient les premiers antispasmodiques, s'ils n'avaient le grave inconvénient de congestionner le cerveau. Utiles pour calmer momentanément de vives souffrances, ils n'atteignent pas le principe de la névrose. Les inhalations de chloroforme ou d'éther calment à coup sûr les attaques convulsives. Mais quelque tendance qu'on puisse avoir à user des inhalations médicamenteuses contre les crises d'hystérie, et quoique cette tendance soit généralement encouragée par les sollicitations des malades qui prennent un goût très vif à ces sortes de calmants, on ne doit pas perdre de vue que ces agents sont quelquefois dangereux. On a eu dans maints cas à déplorer des syncopes et à redouter l'imminence de la mort. Aussi l'usage de ces agents doit être exclusivement réservé aux praticiens et ne faut-il y recourir qu'avec discrétion.

Que conclure de ces diverses opinions que nous venons d'exposer ? C'est qu'il y a peu de services à attendre des agents pharmaceutiques ! Toutefois les médecins s'accordent à dire que l'hydrothérapie est un des plus puissants moyens pour combattre l'hystérie. Les divers procédés qu'on emploie, peuvent se ramener à deux principaux : les bains et les douches.

Les bains tièdes prolongés sont un très bon calmant contre tous les phénomènes d'excitation. P'omme en faisait un fréquent usage. C'est un excellent moyen contre les convulsions permanentes ; on leur donne une durée de quatre, six ou huit heures. Cependant ils sont aujourd'hui peu employés.

S'appuyant sur des principes opposés, Dupuytren prescrivait des bains froids donnés par immersion et par surprise. Il faisait saisir la malade par deux personnes qui lui tenaient l'une les bras, l'autre les jambes, et la plongeaient rapidement dans une baignoire d'eau froide, d'où elles la sortaient aussitôt. Cette immersion était répétée cinq ou six fois dans l'espace d'un quart d'heure ou de vingt minutes. Puis essuyée avec soin et vêtue, la malade devait prendre un certain exercice, pendant une heure environ.

Ces bains ou immersions peuvent être remplacés par de simples lotions froides ou plus avantageusement par des douches, répétées deux ou trois fois dans le courant de la journée et durant chacune à peine une ou deux minutes. (LEBLANC-GRASSET).

« L'eau glacée a encore une action calmante ; l'ingestion de glace pilée, l'application sur l'abdomen d'une vessie remplie de glace, sont utiles contre les vomissements et le hoquet. Cruveilhier faisait boire à ses malades plusieurs verres d'eau froide à la régalade. Briquet prescrit la glace pilée et avalée par cuillerées à bouche. L'action perturbatrice est obtenue, en projetant de l'eau à la figure ou sur le corps de l'hystérique pendant l'attaque. Enfin on peut agir sur le système nerveux, et sur la névrose elle-même, par le drap mouillé, les lotions froides, les affusions, les douches, etc. C'est une médication que nous ne pouvons trop recommander, dit Grasset. »

Nous ne parlerons ici que pour mémoire de l'*électrisation* et de la *Métallothérapie*, aujourd'hui très en vogue pour le traitement de l'hystérie, mais qui ne peuvent être employées que par des praticiens et des spécialistes.

Au xviie siècle, Willis conseillait la compression de l'abdomen pour empêcher le spasme convulsif de monter au cou et à la tête. Au xviiie, la pratique populaire recommandait ce moyen comme secours aux convulsionnaires ; tantôt on ap-

puyait sur le ventre avec un pesant chenet ; tantôt
on enserrait le ventre de longues bandes que l'on
tirait à droite et à gauche. De nos jours on a repris
l'étude scientifique de ce traitement. Dans les cas
graves où l'on ne sait comment arrêter les convulsions, on peut sans inconvénient, à l'exemple du
célèbre docteur Récamier, recourir au moyen
indiqué par Willis, comprimer l'abdomen avec de
longues et larges bandes que l'on serre autant que
possible, en attendant l'arrivée du médecin.

Mais quels que soient les moyens que les docteurs emploient, tous s'accordent à dire que le
temps et l'hygiène sont leurs meilleurs auxiliai-
res.

La durée plus ou moins longue de l'hystérie
dépend principalement de la constitution et du
tempérament du sujet. Il est très rare que la névrose ne disparaisse pas ou tout au moins ne s'atténue pas, avec les progrès de l'âge, particulièrement après la ménopause. Cependant il est bon
d'avoir présentes à l'esprit ces réflexions qu'une
longue expérience avait suggérées à Briquet :
« Jusqu'à présent on sait très peu de choses posi-
tives sur la durée de l'hystérie. Aussi ne trouve-t-
on à ce sujet, dans les auteurs spéciaux, que des
assertions vagues, qui se résument dans cette donnée banale que la susceptibilité nerveuse diminue
avec l'âge et que l'époque, à laquelle on observe le
plus souvent la guérison de l'hystérie, est celle de
l'âge critique.

« J'ai vu bien des hystériques, parmi le grand nombre de malades que j'ai traitées, beaucoup m'ont quitté, n'ayant plus d'accidents hystériques. Malgré tout cela, je serais fort embarrassé d'assigner un terme à la durée de l'hystérie. Je la regarde comme une maladie de toute l'organisation, dont on calme les accidents assez facilement, mais qu'on guérit rarement et dont la guérison, comme celle de l'aliénation, est toujours très précaire et dépendante des circonstances dans lesquelles se trouvent placés les sujets. »

C'est ce que nous avons déjà dit en d'autres termes. Si, après plusieurs années, aucune attaque ne s'est produite, on peut regarder la malade comme guérie. Toutefois, malgré cette apparence de guérison, l'hystérique reste toujours très impressionnable et il suffit d'une surprise, d'un chagrin, d'une émotion vive pour ramener la névrose, avec tout le cortège de ses accidents.

C'est surtout les précautions hygiéniques qui peuvent prévenir ou atténuer les attaques. « L'hygiène, on le sait, est l'ensemble des règles à suivre pour conserver ou rétablir sa santé, quand elle a été altérée par des excès ou des accidents. Aussi cette science a-t-elle toujours été en grand honneur dans tous les temps et chez tous les peuples, parmi les moralistes, les législateurs et les médecins... » (A. Bossu).

« Les règles de l'hygiène varient nécessairement suivant les individus, le tempérament, la

constitution, l'âge, le sexe, les habitudes, la profession, le climat, les dispositions héréditaires,
etc. Mais il existe des règles générales applicables
à tous les organes, chez tous les individus, dans
tous les lieux, dans tous les temps... Nous sommes guidés dans l'appréciation de nos besoins par
des sensations internes, tantôt pénibles, tantôt
agréables qui nous avertissent presque sûrement
de ce que nous devons faire ou rechercher, du
repos ou du travail auquel nous devons soumettre
nos organes.

« Un autre principe fondamental est celui-ci :
il ne faut jamais se soustraire trop soigneusement à certains excitants auxquels on est exposé
par les obligations et les nécessités de la vie.
C'est rendre l'économie impressionnable à l'excès
que de la garantir trop soigneusement des influences ordinaires environnantes. Appliquer aux constitutions fortes les précautions qui conviennent
aux faibles, c'est convertir la force en faiblesse.
Par exemple, qu'on couvre de tissus de laine la
peau d'un homme vigoureux qui s'expose impunément aux intempéries des saisons, bientôt l'habitude de ce vêtement le rendra, comme l'homme
faible, le jouet des moindres impressions de l'atmosphère. Ce que nous disons de la peau est
applicable à tous les organes. »

« La régularité des actes de la vie est encore un
point fort important en hygiène. Elle doit exister
surtout pour le régime, l'exercice et le repos. Ces

deux derniers actes doivent s'opérer, autant que possible, suivant l'ordre établi par la nature : c'est-à-dire, l'exercice pendant le jour et le repos pendant la nuit. » (A. Bossu).

Au point de vue physique, les influences organiques se rapportent principalement, soit au mouvement, soit à la nutrition.

La marche est l'exercice le plus naturel, le plus facile que l'homme puisse exécuter, en même temps qu'il est le plus propre à balancer l'excitation nerveuse de certaines personnes sédentaires. Tous les organes en reçoivent une salutaire incitation, excepté le cerveau. « Pourquoi cette exception, demande le docteur Bossu ? D'où vient que l'activité cérébrale diminue en proportion de l'accroissement des puissances musculaires ? La raison en est toute simple, répond-il. C'est le cerveau qui commande aux agents des mouvements et qui leur envoie l'influence nerveuse dont ils ont besoin ; il est évident que plus ces mouvements sont répétés, plus la somme d'influx nerveux dépensé est considérable. Conséquemment moins il reste d'imervation pour la production des autres fonctions cérébrales, pour la pensée en particulier. Chacun a pu remarquer que le travail mental est difficile après un exercice violent et qu'il n'est jamais plus facile qu'après le repos. Comme l'hystérie affecte surtout les facultés mentales, la marche et en général tous les exercices du corps, en émoussant la vivacité de l'imagination, sont donc éminemment favorables aux hystériques et aux jeunes filles qui sont toutes aujourd'hui plus ou moins nerveuses. »

Toutefois il faut que l'exercice du mouvement soit convenablement dirigé ; car au lieu de rendre les muscles plus agiles et plus forts, le mouvement trop longtemps continué produit la lassitude, sentiment pénible qui est le premier degré de la douleur musculaire ; laquelle à la suite d'un exercice outré, peut plonger un membre dans une sorte d'engourdissement, de raideur qui persiste même après un repos prolongé, et qui est surtout dangereux pour les hystériques déja trop prédisposées à avoir des contractures. (A. Bossu).

Pour ce qui est de l'alimentation, on comprend qu'elle doit varier suivant les climats et qu'elle influe non seulement sur le physique, mais même sur le moral. C'est la température, la nature du sol, le climat, qui modifient l'homme et lui font préférer telle ou telle alimentation. Les habitants des pays septentrionnaux ont besoin d'une alimentation substantielle, stimulante, fortement réparatrice, pour résister à la rigueur du froid ; les populations du midi s'alimentent principalement de fruits et de végétaux. Dans nos climats tempérés, le régime participe des deux alimentations : il est à la fois animal et frugal.

Le moyen de se préparer une vie calme et longue, c'est de tempérer l'usage des substances animales par celui des végétaux. C'est chez les personnes sobres qui mangent peu de viande et qui préfèrent une alimentation frugale, qu'on remarquera généralement l'existence la plus douce et la plus heureuse. Les hystériques se trouveront donc bien d'aliments doux, non excitants, de digestion facile et en même temps nourrissants, si elles sont faibles. Jamais de vin, de café, ni de liqueurs alcooliques. Plus le régime alimentaire sera simple, et mieux il vaudra. (A. Bossu).

Mais c'est surtout de ce que nous appellerons l'hygiène *morale* que l'on peut attendre les meilleurs résultats. Puisque la plupart des auteurs affirment que toutes les crises nerveuses, depuis les plus légères jusqu'aux plus graves, proviennent d'émotions psychiques ; on évitera avec soin tout ce qui peut impressionner vivement l'hystérique. C'est une sensitive à laquelle on ne peut toucher du bout du doigt, sans que toute l'économie s'en ressente. Si l'on a une fâcheuse nouvelle à lui annoncer, on l'y préparera tout doucement et on la laissera, en quelque sorte, deviner le malheur qui vient d'arriver ; alors elle fondra en larmes, mais il est probable qu'elle n'aura pas d'attaque. De même si l'on a un sacrifice à lui demander, un emploi à lui confier, pour lequel on sait qu'elle a une grande répugnance, la supérieure, sans paraître songer à elle, exposera l'embarras où elle se trouve, le besoin qu'elle aurait d'une personne dévouée, le gré qu'elle lui en saurait, et il arrivera souvent qu'elle l'amènera à lui demander elle même une obédience qu'elle n'aurait acceptée qu'avec un extrême déplaisir et peut-être même refusée avec emportement, si on la lui avait imposée sans précaution et d'autorité, car l'hystérique a une volonté extraordinairement mobile et une personne adroite la dirige assez facilement. Nous avons indiqué précédemment la conduite à tenir par la maîtresse des novices à l'égard des postulantes qui paraissent prédisposées à la névrose. Nous ne reviendrons pas sur ce que nous avons déjà dit et qui trouve ici son application.

Evidemment il n'y a pas de position au monde plus propre à procurer une existence calme et paisible que l'état religieux, où tous les jours se ressemblent, où l'emploi de chaque instant de la journée est déterminé par la règle, depuis le lever jusqu'au coucher, pour recommencer le lendemain avec la régularité d'une aiguille faisant le tour d'un cadran sans s'arrêter jamais. Cependant l'expérience prouve que cette monotonie de la vie devient pour quelques tempéraments une cause de souffrances et d'agitation, Nous sommes ainsi faits ; nous sommes naturellement si légers et si inconstants que les meilleures choses finissent par nous fatiguer. La manne était un aliment délicieux et néanmoins les Hébreux s'en dégoûtent à tel point qu'ils s'écrient : notre cœur se soulève maintenant à la vue de cette chétive nourriture. Rien de plus doux pour l'âme pieuse que l'union avec Dieu dans la contemplation et cependant l'âme la plus fervente ne peut pas toujours contempler, toujours méditer. Voilà pourquoi sainte Thérèse qui s'y connaissait, voulait que ses religieuses prissent chaque jour une assez longue récréation, afin, disait-elle, de détendre leur esprit. Voilà pourquoi, après avoir écrit les mystérieux chapitres de l'Apocalypse, l'apôtre saint Jean se délassait en flattant une petite perdrix apprivoisée. Voilà pourquoi aussi une supérieure habile variera autant que possible, les occupations de l'hystérique, afin de prévenir chez elle le dégoût et l'ennui.

Mais toutes les précautions seraient vaines, si de son côté l'hystérique n'y mettait pas elle-même une grande bonne volonté et si elle ne cherchait pas dans les pratiques de la vie religieuse, les forces nécessaires pour résister aux entraînements de la névrose. Si elle est remplie d'amour pour Dieu, si elle craint par dessus tout de lui déplaire jusque dans les plus petites choses, elle acceptera sans se plaindre et pour lui être agréable, des peines et des sacrifices, qui, dans une autre disposition de son esprit, lui auraient paru insupportables. L'hystérique est extrême en tout et elle portera dans le service de Dieu et dans l'exercice de la charité envers ses compagnes, la même ardeur qu'elle aurait mise à satisfaire des passions moins nobles.

C'est en combinant tous ces moyens qu'on parviendra, jusqu'à un certain point, à prévenir, ou

du moins à atténuer, les effets de cette triste maladie qui n'en restera pas moins une source de
souffrances et de difficultés pour la patiente, pour
les supérieures et pour toute la communauté.

CONCLUSION.

Nous voici arrivé à la fin de notre *Etude* sur l'hystérie, nous avons exposé sa nature, sa fréquence, ses causes et ses effets. Après avoir montré, par de nombreux exemples, que si cette affection était une source de soucis et de peines pour les familles, elle n'était pas moins à redouter pour les communautés, nous avons tiré cette conséquence qu'il était de la dernière importance pour les supérieures, de bien examiner la constitution et le caractère des postulantes, avant de les admettre à la profession. C'est là le but principal que nous nous sommes proposé. Pour faciliter cet examen, nous avons indiqué les marques auxquelles on peut reconnaître une prédisposition à cette névrose. Enfin en terminant nous avons indiqué la conduite à tenir avec les religieuses hystériques.

Nous ne nous dissimulons pas combien notre travail est imparfait et combien il aurait besoin d'être revu d'un bout à l'autre ; notre âge et nos forces ne nous le permettent pas. Néanmoins, les nombreuses lettres que nous avons reçues, depuis trois mois, nous ayant démontré que des notions sur l'hystérie pouvaient être d'une grande utilité,

nous nous décidons à le publier tel qu'il est. Puisse-
t-il rendre quelques services, en attendant qu'un
écrivain plus jeune, plus actif, plus capable que
nous, reprenne notre travail, corrige nos défauts,
supprime nos longueurs, comble nos lacunes,
répare nos omissions, éclaircisse les points obscu-
res ; en un mot, comme nous disait un bon religieux, parachève ce que nous n'avons fait qu'ébaucher.

FIN

TABLE DES MATIÈRES

Chapelle-Montligeon. — Imprimerie de l'Œuvre Expiatoire.

OUVRAGES DU MÊME AUTEUR

LETTRES

Adressées au R. P. HAHN, S. J.

A L'OCCASION DE

SON MÉMOIRE

INTITULÉ

LES PHÉNOMÈNES HYSTÉRIQUES

ET

LES RÉVÉLATIONS DE SAINTE THÉRÈSE

Réfutation de ce *MÉMOIRE*

1 vol. in-8°. — Prix, *franco*, **2** francs.

En vente chez l'Auteur, à Alençon ; ou chez les RR. PP. Carmes-Déchaussés, 133, rue de la Pompe, Paris-Passy.

Ces *Lettres* ont valu à l'auteur l'approbation et les félicitations de cinq Cardinaux, de trente Archevêques ou Évêques, d'un grand nombre d'Abbés Mitrés, de Généraux d'Ordre, de Supérieurs de Grands Séminaires, de Professeurs de théologie, tant de la France, que de l'Italie, de l'Espagne, de la Hongrie, de l'Allemagne, de la Hollande et de la Belgique

« J'ai lu votre *Lettre* au R. P. Hahn, écrivait à l'auteur, dès le premier jour, Mgr Place, archevêque de Rennes, l'argumentation m'en a paru très solide. » Vous avez très bien fait, lui disait à son tour, Mgr Bourret, évêque de Rodez, de relever ce qu'il y a de trop naturaliste, dans la

thèse de ce religieux. Si l'on n'y prenait garde, on détrui-
rait par le détail l'inspiration de nos livres saints, la plupart de nos faits miraculeux et l'autorité de l'Eglise elle-
même.

Quelques jours après, le Général des Carmes, parlant au
nom de tout le Carmel, adressait à l'auteur la lettre suivante : « La lecture de votre *Lettre* m'a causé une pleine
et entière satisfaction ; votre argumentation est serrée et
vos conclusions sont irrécusables. C'est une œuvre magis-
trale, et rien de sérieux ne peut lui être opposé. Vous avez
victorieusement plaidé la cause de Notre Sainte Mère.
Votre nom restera en bénédiction parmi les enfants du
Carmel. Recevez donc l'hommage de toute notre recon-
naissance et l'assurance de notre profonde vénération. »

« J'ai lu avec un grand intérêt votre seconde *Lettre,* lui
mandait le R. P. de Bonniot; tout ce que vous dites sur
Salamanque est fort instructif. Il est bien regrettable que
tout cela n'ait pas été connu par nos Supérieurs... Enfin le
mal est fait ; vous méritez bien de l'Eglise, en l'atténuant
autant que vous le pouvez... On souhaite connaître votre
travail auprès de Notre R. P. Général, comment pourrais-
je me procurer vos deux *Lettres,* afin de les envoyer à Flo-
rence ?... Mon Provincial m'a également témoigné le désir
de vous lire. Je lui ai communiqué votre seconde *Lettre*
dont il a été fort content ; mais je ne puis lui passer la
première dont je me suis dessaisi depuis plusieurs mois. »

« Un journal signale la condamnation par la S. Congrégation de l'Index de l'ouvrage du P. Hahn, écrivait à l'auteur, le R. P. Monsabré, c'est la fin d'un scandale que
vous avez dénoncé avec tant de science et de courage. Je
regrette cette humiliation pour le P. Hahn ; mais je ne suis
pas fâché de voir souffleter en sa personne une certaine
classe d'Opportunistes religieux et séculiers qui, pour se
donner des airs de grands esprits, s'empressent de faire la
cour à la science humaine, sans qu'elle soit bien sûre de

ses affirmations et sacrifient à ses observations, non seulement les révélations des saints, mais même l'inspiration des divines Ecritures. »

M. l'abbé Grand'Claude, vicaire général et Supérieur du grand Séminaire de Saint-Dié, publiait dans la 99e livraison du *Canoniste Contemporain*, l'entrefilet suivant : « Par son décret du 11 janvier dernier, la S. Congrégation de l'Index a condamné un livre dont le titre est aussi scandaleux que l'ouvrage lui-même dans son ensemble, est malheureux : *Les Phénomènes Hystériques et les Révélations de Sainte Thérèse*, par le R. P. Hahn. On ne conçoit pas en effet comment a pu venir à l'esprit d'un savant religieux, la pensée de faire un semblable rapprochement et de subir ainsi la fâcheuse influence de son époque... Que le P. Hahn en ait conscience ou non; il s'est laissé entraîner dans une voie fâcheuse et a livré l'admirable sainte Thérèse à la dérision des impies ; il a même fourni aux adversaires du surnaturel des armes contre les miracles... Ce n'a donc pas été pour nous une mince satisfaction, lorsque les vigoureuses et solides réfutations publiées par le R. P. Touroude, nous sont parvenues, aussi remarquables par le grand esprit de foi qui les a dictées, que par la précision et la netteté des doctrines ; ainsi que par le ton de courtoisie parfaite dont le savant ne se départit pas un seul instant. Les *Lettres au P. Hahn* ont fait pleine justice de l'ouvrage aujourd'hui condamné par l'Index. Nous sommes heureux d'adresser ici nos plus sincères félicitations au savant et judicieux polémiste qui a donné pleine satisfaction à la conscience publique naturellement émue des hardies et peu respectueuses assertions du célèbre professeur de physiologie de Louvain. »

Enfin voici ce qu'écrivait au R. P. Touroude Mgr Gay, évêque d'Anthédon : « Grâce à Dieu et à vous, l'affaire du P. Hahn est conclue. Votre première *Lettre* était un coup mortel ; la seconde, avec les lumineux renseignements venus de Salamanque, était un acte de décès; la troisième qui contient, avec la condamnation prononcée par l'Index, les notes infligées au *Mémoire*, est un certificat en règle de sépulture. On ne peut que plaindre le P. Hahn, en le louant de s'être soumis; mais il faut bénir Dieu de voir ainsi arrêtée dès le début, une entreprise téméraire et funeste qui eût sans doute trouvé des adhérents et qui allait directement à rabaisser les œuvres de la grâce et à ébranler même les fondements sur lesquels s'appuie notre foi... »

Le 6 mai 1889, le même Prélat écrivant au R. P. Touroude à l'occasion de son Etude sur l'hypnotisme, ajoutait : « Puisque vous m'en fournissez l'occasion, j'en profite volontiers pour vous dire qu'à mon sens : il y a lieu de donner à vos savantes *Lettres au P. Hahn* toute la publicité possible. »

La recommandation de Mgr Gay n'était pas inutile. En ce moment, dans un ouvrage sur l'hystérie en cours de publication, le docteur Gilles de la Tourette s'appuie sur le *Mémoire* du P. Hahn pour prouver que Sainte Thérèse était hystérique.

L'HYPNOTISME
SES PHÉNOMÈNES ET SES DANGERS.

ETUDE

Un volume in-8° écu, prix *franco*, **2** fr. **50**.

Librairie BLOUD ET BARRAL, *Paris*, *4*, *rue de Madame*.

Il y a quelques années, il passa par Alençon un magnétiseur nommé Taber, qui fit courir toute la ville. Pour mettre un terme à cet affolement, le R. P. Touroude publia dans le *Journal d'Alençon* quelques articles pour montrer combien ces expériences émouvantes étaient dangereuses pour la santé, dangereuses pour les mœurs, dangereuses pour la foi. Ces articles produisirent un grand effet. Plus tard, à la demande de Mgr l'Évêque de Séez, ces articles développés et réunis dans un volume, reçurent les plus flatteuses approbations.

« Cher Père, écrivait à l'auteur, le Supérieur Général de la Congrégation des SS. Cœurs, *dite* de Picpus, je viens de lire votre *Étude* avec le plus vif intérêt ; elle est bien conçue et très concluante. Courte et rapide dans son exposé, elle offre à tout esprit sérieux, des raisons capables de détourner des pratiques de cette nouvelle forme de la magie. Il est certain que le démon est là et que celui-là est aveugle qui ne veut pas l'y voir... Je ne trouve pas votre *Étude* inférieure à vos *Lettres au P. Hahn*. Elle est un excellent résumé de ce qui a été de mieux écrit sur l'hypnotisme. »

« Pour vous dire toute ma pensée, lui écrivait à son tour le Supérieur de l'un des plus grands séminaires de France. Je trouve vos quelques pages plus instructives et plus concluantes que le livre du P. Franco et même que celui de l'abbé Méric. La théologie trouvera dans votre publication les conclusions morales à proposer aux fidèles, au sujet de cette pratique que la curiosité tendait à généraliser, au détriment de la foi et des mœurs. Donc vous avez fait une œuvre bonne et utile et je vous en félicite. »

« Mon Rév. Père, disait à son tour Mgr Gay, j'ai lu avec le plus vif intérêt et le plus grand plaisir votre *Étude* sur l'hypnotisme. Vous ferez une œuvre utile en la publiant et l'effet qu'elle a déjà produit à Alençon, est le gage du succès qui l'attend ailleurs. »

Quelques jours après, Mgr l'Évêque d'Orléans, adressait à l'auteur la lettre suivante : « Mon Cher Père, je suis en effet et j'encourage les études qui cherchent à éclaircir

cette question si difficile et si inquiétante de l'hypnotisme.
Je vois un grand nombre d'âmes inquiètes. Comment déterminer les limites du naturel et du surnaturel ? Il faut
cependant défendre la foi des âmes timides ou insuffisamment instruites ; il faut sauvegarder nos miracles et nos
saints.

« Bien que perdu dans une longue tournée pastorale, je
lirai votre travail et je souhaite qu'il ait le même succès
que vos écrits sur notre grande et vénérée sainte Thérèse.

« Merci donc d'abord, mon Cher Père, courage et bénédiction au vaillant défenseur de la vérité.

PIERRE, év. d'Orléans. »

Au même moment, Mgr l'Évêque d'Angoulême écrivait
au R. P. Touroude. « Je viens d'achever la lecture de votre
belle *Étude sur l'hypnotisme*, j'en ai admiré l'ordonnance,
la lucidité, la sagesse et la mesure. Cette grave question
ne pouvait être traitée avec plus de tact et de compétence.
Veuillez donc agréer mes bien sincères félicitations, me
permettre de joindre mon suffrage à ceux que cet excellent ouvrage vous a déjà valus et recevoir, etc. » — « Mon
Cher Père, lui disait à son tour Mgr l'Évêque de Rodez, il
vous appartenait plus qu'à un autre de nous donner un bon
livre et un livre catholique sur l'hypnotisme. Déjà dans vos
Études sur sainte Thérèse, vous avez montré l'étendue et la
solidité de vos connaissances sur ces matières délicates ; vous
venez de les faire paraître mieux encore dans votre nouvelle
publication. » — « Je vous suis très reconnaissant de l'envoi
de votre excellent travail sur l'hypnotisme, lui mandait
Mgr l'Évêque de Tarentaise. Après vous avoir lu, on a une
idée nette et précise de la nature et des dangers de l'hypnotisme, tandis que d'autres auteurs laissent dans le vague
et dans une incertitude fâcheuse. Cet ouvrage joint à vos
Lettres sur sainte Thérèse me prouve que vous avez grâce
d'état pour écrire sur ces questions si importantes et si
actuelles... » — Un professeur émérite de la célèbre Uni-

versité de Louvain exprimait le même sentiment. Après
avoir fait l'éloge de l'*Étude* sur l'hypnotisme, il ajoutait :
j'ai lu l'abbé Méric, je n'en ai pas été satisfait ; il pose les
questions, sans les résoudre ; au contraire, le P. Touroude
est net ; avec lui on sait à quoi s'en tenir. »

Enfin, voici l'opinion d'un homme très compétent en ces
matières, c'est celle de M. l'abbé Grandclaude, Vicaire
Général et Supérieur du Grand Séminaire de Saint-Dié,
qui a lui-même publié dans le *Canoniste Contemporain*,
plusieurs articles sur cette question : « J'ai lu avec une
satisfaction sans mélange, chose peu ordinaire, votre
excellente *Étude* sur l'hypnotisme. Cette *Étude*, est le
travail le plus complet, le plus précis et j'ajouterai même
le plus exact qui ait eu lieu jusqu'alors sur la matière.
Détails historiques suffisants pour fournir la preuve des
faits ; conséquences physiques et morales nettement établies ; manifestation du principe réel de tous les faits ou
prestiges ; tels sont les caractères de votre ouvrage qui
font de celui-ci un traité complet. La rigueur des raison-
nements, la clarté du style et l'énergie des appréciations
viennent encore ajouter un nouveau prix à votre *Étude* si
intéressante. Toutes ces qualités de l'écrivain et du théo-
logien feront facilement reconnaître le docte auteur des
Lettres au P. Hahn. Veuillez... »

Le P. Touroude ayant demandé à M. l'abbé Grandclaude
la permission de reproduire cette lettre si honorable et si
précieuse pour lui, recevait la réponse suivante : « Je serais
heureux de concourir en quelque chose à la divulgation
de votre excellent ouvrage. J'autorise donc bien volontiers
la publication de la lettre que j'ai eu l'honneur de vous
adresser... »

www.ingramcontent.com/pod-product-compliance
Lightning Source LLC
Chambersburg PA
CBHW050510270326
41927CB00009B/1973